Bulletin
de la Société internationale
des amis de Montaigne

2024 – 1, n° 78

Bulletin de la Société internationale des amis de Montaigne

Montaigne en Asie de l'Est

Hommage à Michiko Ishigami-Iagolnitzer

Numéro spécial conçu et dirigé par Dominique Brancher
En collaboration avec le comité éditorial du *BSIAM*

PARIS
CLASSIQUES GARNIER
2024

ISBN 978-2-406-16693-1
ISSN 2119-9434

SOMMAIRE

CODA – AU CREUX DU MYTHE / *CODA – IN THE HOLLOW OF THE MYTH*

PRÉSENTATION D'OUVRAGE ET COMPTE RENDU DE LECTURE / *BOOK PRESENTATION AND REVIEW*

CONSEIL D'ADMINISTRATION DE LA SIAAM DU MARDI 13 JUIN 2023

Le mardi treize juin de l'année deux mille vingt-deux à quinze heures trente, le Conseil d'Administration de l'association Société Internationale des Amies et Amis de Montaigne (SIAAM) est réuni au Centre de l'Université de Chicago à Paris, 6 rue Thomas Mann 75013, en présentiel et en visio-conférence.

– membres présents (dans l'ordre alphabétique) :

Armelle Andrieux, Dominique Brancher (visio), Philippe Desan, Violaine Giacomotto-Charra, Thierry Gontier, Olivier Guerrier (visio) Rebekka Martic (visio), Romain Menini (visio), Nicola Panichi (visio), Blandine Perona, Pascal Pesnel, Alicia Viaud (visio)

– membres représentés : 0

– membres absents excusés (dans l'ordre alphabétique) :

Emiliano Ferrari, Thomas Mollier, François Roussel, Luc Sautin, Bernard Sève

Philippe Desan, Président, ouvre la séance et remercie les administrateurs et administratrices pour leur présence.

SITUATION DES ABONNEMENTS ET SOUSCRIPTIONS AU BULLETIN DE LA SIAAM

– La mise en place du dispositif d'adhésion et d'abonnement par la plateforme Hello Asso ainsi que de la nouvelle grille tarifaire avec accès à l'intégralité du *BSAM* en format numérique, a sans aucun doute permis une augmentation du nombre d'adhérents (particuliers et d'institutions y compris étrangères) sur le premier trimestre 2023.

Pour l'année 2023, la tendance est donc positive à ce jour.

– Plusieurs institutions ont signalé le fait qu'elles n'ont pas reçu le *BSAM* en 2020, 2021 et 2022.

Bien entendu la régularisation est en cours par les Classiques Garnier.

– Du fait de la digitalisation du *BSAM*, les coûts de maquette, d'impression et de diffusion sont en baisse pour l'année 2023 et nous pouvons en augurer un résultat financier positif.

Aussi, au regard de la saine situation financière de la SIAAM, Philippe Desan propose dès à présent au Conseil d'Administration de dédier tout ou partie de ce résultat au Prix Montaigne de la SIAAM et à la co-organisation d'un évènement (type colloque par exemple) en 2024 plutôt que de l'affecter en réserves de trésorerie.

→ À l'unanimité, le Conseil d'Administration approuve le principe de cette affectation.

RAPPORT SUR LA SITUATION FINANCIÈRE DE LA SIAAM

– Comme suite à la démission de François Leray, Philippe Desan et Concetta Cavallini se sont rendus à la BNP pour régulariser la situation et ainsi faciliter les démarches à venir (changement d'agence bancaire et dépôt des signatures).

COLLOQUE D'OCTOBRE À BORDEAUX

– Co-organisé avec l'Atelier Montaigne, ce colloque sur l'*Apologie de Sebond* aura lieu à Bordeaux les 11 et 12 octobre prochain.

CONSTITUTION D'UN COMITÉ POUR LE PRIX MONTAIGNE 2024

– En vue du Prix Montaigne 2024 de la SIAAM, le Conseil d'Administration décide de constituer un comité de sélection.

Après avoir fait appel aux volontaires, le Comité de sélection est composé, dans l'ordre alphabétique, de :

Dominique Brancher,
Philippe Desan (ex officio),
Violaine Giacomotto-Charra,
Pascal Pesnel,
Alicia Viaud.

Le Conseil d'Administration acte le fait que ce prix pourra être décerné à tout type d'œuvre, littéraire ou non, à des jeunes chercheurs ou non.

→ Pascal Pesnel est chargé d'organiser rapidement une première réunion dudit comité sur ce Prix Montaigne de la SIAAM (objectifs, modalités d'attribution notamment).

– Prix des lycéens

Sur proposition d'Armelle Andrieux, il est convenu également de lancer une réflexion pour mettre en place un prix des lycéens.

Dans cette perspective Violaine Giacomotto-Charra (académie de Bordeaux) et Armelle Andrieux (académie de Normandie) se portent volontaires pour réfléchir sur le sujet. Elles reviendront vers le CA en temps utile.

INFORMATIONS SUR LES ÉVÈNEMENTS À VENIR

– Colloque « L'humour chez Montaigne »

Dans le cadre de l'Atelier Montaigne du Labex, Thierry Gontier et Blandine Perona prévoient un colloque sur le sujet de l'humour chez

Montaigne (les différentes formes de l'ironie, de la satire et du rire notamment). Ce colloque aurait lieu en 2025.

– Colloque « Montaigne et l'Asie »

À l'occasion du volume du *BSAM* sur « Montaigne et l'Asie » en hommage à Madame Michiko Ishigami-Iagolnitzer un évènement pourrait être organisé en lien avec les Classiques Garnier en 2024. Un spécialiste japonais ou chinois pourrait y être invité. À voir également si cela pourrait intéresser la Maison du Japon à Paris par exemple. Peut-être serait-il possible de solliciter l'attaché culturel de l'ambassade du Japon ? Ou l'orientaliste Jean-Noël Robert ?

Cet évènement pourrait avoir lieu en mars-avril 2024, à la même date que l'Assemblée Générale de la SIAAM.

Après échanges, le Conseil d'Administration convient de tenir l'Assemblée Générale le vendredi 15 mars 2024 à Paris.

→ Dominique Brancher, Olivier Guerrier et Romain Menini constituent le comité d'organisation pour cet événement.

– Renaissance Society of America

Concetta Cavallini présente cette association américaine qui est la plus grande organisation internationale consacrée à l'étude critique du monde de 1300 à 1700. L'adhésion est gratuite pour les associations (seules les conventions sont payantes). Cela apporterait de la visibilité à la SIAAM. Elle propose au Conseil d'Administration d'acter l'adhésion de la SIAAM à cette association.

– À l'unanimité le Conseil d'Administration vote l'adhésion de la SIAAM à la RSA.

– Évènement « À sauts et à gambades avec Montaigne » à Bar-le-Duc

Pascal Pesnel a rencontré la Mairie de Bar-le-Duc. Les crédits sont réorientés et il n'y a pas de financement envisagé pour l'édition 2023 de l'évènement Montaigne.

En revanche, la Ville attend une proposition de la part de Pascal Pesnel pour l'édition 2024, notamment dans le cadre du Contrat Territorial d'Éducation Artistique et Culturelle (CTEAC). Peut-être qu'un co-financement par la SIAAM sera à envisager.

→ À l'unanimité le Conseil d'Administration vote le principe de participer à l'édition 2024.

– Colloque « L'écriture chez Montaigne » à Bari (Italie)

Pour 2025, Concetta Cavallini propose l'organisation d'un colloque à Bari (Italie) sur l'écriture chez Montaigne. La SIAAM pourrait y participer.

Thierry Gontier explique que ce colloque pourrait être coordonné avec le projet de l'Atelier Montaigne « Montaigne et l'humour ». Il pourrait y avoir un co-financement du Labex.

→ À l'unanimité le Conseil d'Administration acte le principe de la participation de la SIAAM à ce projet.

POINTS DIVERS

– Conseil d'Administration

Par mail du 26 avril dernier, Claude Blum a présenté sa démission du Conseil d'Administration de la SIAAM.

Au nom de la SIAAM et de son Conseil d'Administration, Philippe Desan remercie Claude Blum pour son investissement au profit de notre société et tout particulièrement dans la réalisation de la numérisation du *BSAM*. Ce travail de numérisation constitue aujourd'hui un beau et riche outil de travail pour les chercheurs et un vrai avantage pour les nouveaux adhérents.

Par ailleurs, Philippe Desan rappelle qu'à l'Assemblée Générale du 9 décembre 2022, François Leray avait présenté sa démission du poste de Trésorier. Philippe Desan avait alors expliqué avoir pris contact avec Concetta Cavallini qui aujourd'hui est toujours d'accord pour prendre ce poste de Trésorière.

Comme annoncé à l'Assemblée Générale, Philippe Desan propose donc au Conseil d'Administration de voter cette désignation.

→ À l'unanimité le Conseil d'Administration confirme la désignation de Concetta Cavallini au poste de Trésorière de la SIAAM. Elle est également élue au Conseil d'Administration et fait partie du Bureau de la SIAAM.

Philippe Desan remercie les membres du Conseil d'Administration et adresse ses félicitations à Concetta Cavallini.

– *BSAM*

Olivier Guerrier rappelle que le prochain numéro portera sur Montaigne et le XIXe siècle ; il demande aux membres de lui envoyer sans hésitation des articles, qu'ils soient éclectiques ou non.

L'ordre du jour étant épuisé le Président clôt la réunion du Conseil d'Administration à seize heures trente.

Le présent procès-verbal a été établi à Paris le trente juin deux mille vingt-trois pour valoir ce que de droit.

Pascal PESNEL
Secrétaire général

MONTAIGNE EN ASIE DE L'EST –
HOMMAGE À MICHIKO ISHIGAMI-IAGOLNITZER

À L'EST DE BORDEAUX, DU NOUVEAU

Introduction[1]

À rebours du « monde enfant » américain, l'Asie de l'Est, qui fait partie au XVIe siècle des « Indes orientales », occupe un minuscule lopin dans l'archipel cosmopolite des *Essais* : nulle mention du Japon ni de la péninsule coréenne, où régnait alors la dynastie de Joseon, tandis que la Chine est brièvement évoquée à deux reprises au livre III, à renfort de l'idée que nous « voyons autant du monde comme nous n'en voyons pas[2] ». Peut-on encore s'extasier du « miracle de l'invention de nostre artillerie, de nostre impression » ironise Montaigne dans « Des coches », quand « d'autres hommes, un autre bout du monde à la Chine, en jouyssoit mille ans auparavant[3] » ? L'exemple oriental permet ici d'illustrer un argument formalisé par un philosophe issu d'une autre Antiquité, le sceptique grec Aenésidème (bien connnu de Montaigne grâce aux *Hypotyposes pyrrhoniennes* de Sextus Empiricus et aux *Vies* de Diogène Laërce) – la relativité de ce qui nous paraît miraculeux, unique et rare.

L'intérêt de Montaigne pour la Chine sera ravivé par la lecture du sinologue et explorateur espagnol Juan González de Mendoza, dont il découvre, sans doute dans sa version française, l'*Histoire du grand royaume de la Chine, situé aux Indes orientales* (1588). Cette histoire, note la main autographe de l'exemplaire de Bordeaux, « m'apprend combien le monde est plus ample et plus divers que ny les anciens ny nous ne penetrons ». Plus encore, elle assoit la supériorité de ce royaume, dont la « police et les arts [...] surpassent nos exemples en plusieurs parties d'excellence »,

---

1 Ce titre est un clin d'œil à l'article essentiel d'Antonella Romano, qui travaille le flou notionnel entachant des termes comme Asie et Orient à la Renaissance (« D'Orient en Orients : à l'est de Rome, du nouveau », *Cuadernos de Historia Moderna*, *48*(2), 2023, p. 387-416, https://doi.org/10.5209/chmo.91783).

2 Michel de Montaigne, *Essais*, éd. P. Villey, Paris, PUF, coll. « Quadrige », 1992 [1924, 1965], III, 6, p. 908B. Désormais toutes nos références à Montaigne renverront à cette édition.

3 *Idem.*

et cela, « sans commerce et cognoissance des nostres[4] ». Non seulement la Chine, plus précoce, a fait certaines découvertes techniques avant l'Europe, mais ses pratiques et coutumes, développées dans une souveraine autarcie, mettent en perspective la vanité civilisationnelle des Européens, qui se croient la mesure de toute chose.

Au siècle suivant, les « commerce et cognoissance » de l'œuvre de Montaigne par des Chinois deviennent, sinon avérés, du moins possibles : dans la bibliothèque humaniste que le jésuite Nicolas Trigault installe à Macao, puis à Pékin, figure en bonne place l'« Apologie de Raimond Sebond », comme l'indique l'inventaire de ses livres, synecdoque probable des *Essais*[5]. L'intérêt pour Montaigne ne prendra cependant réellement corps que dans les premières décennies du XXe siècle, avec le « Mouvement de la Nouvelle culture[6] », tandis que son œuvre connaît ses premières traductions au Japon, puis en Chine et en Corée du Sud.

Claude Lévi-Strauss estimait que la pensée de Montaigne, « dont la philosophie occidentale méconnaît l'intention radicale », « eût été mieux comprise par l'Extrême-Orient », qui aurait su lui offrir un destin herméneutique à la mesure de son audace[7]. Ce dossier voudrait investir l'espace de ce subjonctif plus-que-parfait, transformer l'expression du regret dont ce mode, marquant l'éventualité du passé, est la forme, en montrant la formidable actualité de la recherche consacrée aux « commerces » (au sens large d'échange que prit ce mot au XVIe siècle) entre Montaigne et l'Asie de l'Est, dans le sillage des travaux fondateurs de Michiko Ishigami-Iagolnitzer. C'est au travail pionnier de cette remarquable chercheuse, qui consacra nombre de ses travaux aux rapports entre bouddhisme, humanisme et christianisme ainsi qu'à la « découverte mutuelle » de l'Extrême-Orient et de l'Occident à la Renaissance, que cet ensemble entend rendre un fervent hommage[8].

L'ambition est d'offrir ici les conditions de la formulation d'un nouveau cadre comparatif entre diverses historiographies littéraires qui, d'Ouest en Est, accordent « une place » aussi instable que contrastées à l'écrivain bordelais. Cette réflexion collective sur la présence de Montaigne en Asie présente deux versants, qui organisent le recueil : d'une part, les

4 III, 13, p. 1071C.
5 Ji Gao, « La réception de Montaigne en Chine », *Montaigne Studies*, vol. 28, 2016, p. 165-188.
6 *Ibid.*
7 *Histoire de Lynx*, Paris, 2014 [1991], chap. 18, « En relisant Montaigne », p. 141.
8 Voir la bibliographie de ses travaux à la fin de cet article.

processus complexes de réception de son œuvre dans trois pays étroitement liés par leur histoire culturelle et géo-politique, la Chine, le Japon et la Corée du Sud ; d'autre part, les points de rencontre inédits entre la pensée du Bordelais et telle éminente figure asiatique, quand bien même ils seraient restés dans une totale ignorance l'un de l'autre.

TRADUIRE MONTAIGNE : BIAIS ET DÉFIS D'UNE RÉCEPTION TRANSCULTURELLE

Comment a-t-on lu et lit-on aujourd'hui Montaigne en ces pays qu'on situait en son temps aux « Indes orientales » ? Quelles ont été les conditions de transmission d'un livre se déclarant « seul au monde de son espèce », les modalités de sa diffusion, réappropriation et instrumentalisation ? Et par le biais de quelles médiations, linguistiques et idéologiques, s'est opéré ce transfert culturel, sachant que les traductions s'appuient souvent sur d'autres traductions (notamment anglaises et japonaises) plutôt que sur le texte original ?

Le nom même de Montaigne a suscité pléthore de propositions concurrentes, sans mentionner la difficulté à rendre compte, dans les mots de cultures radicalement autres, de la notion d'*essai*, genre inédit qu'il intronise. Ce défi titulaire suscite d'intenses discussions auprès des intellectuels japonais, chinois et coréens, qui tentent de trouver des équivalents dans des genres nationaux traditionnels (*rongzhai suibi* en chinois, *zuihitsu* en japonais, *supil* en coréen), recourent à la comparaison avec l'*essay* anglais, pour mieux le comprendre « depuis son origine française » (Koji Takenaka), ou encore conservent le mot original. En Corée du Sud, la traduction de Jin-Gu Lee, publiée en 1971, translittère le titre *Essais* en alphabet coréen, de même que la monumentale édition critique publiée en 2022 (Seon-Hee Lee).

Comment enfin l'œuvre montaignienne a-t-elle nourri la littérature de ces pays et aiguisé, par émulation, le sentiment d'une littérature nationale ? Non sans rappeler les ambitions de la Pléiade, le numéro inaugural de la revue coréenne *Haeoe Munhak* (1927), co-fondée par Wou-Sung Son, le premier à traduire une partie des *Essais* en coréen, revendique pour objectif essentiel « de construire notre propre littérature », de lui conférer « grandeur et prestige » en « suivant les grands auteurs du monde et de leurs œuvres » (Seon-Hee Lee).

C'est donc de *l'invention d'une réception* mais aussi de la *fabrication d'une figure d'auteur* qu'il s'agit, dictée, comme le relève Ji Gao, « par le style et le contenu des *Essais*, mais aussi et surtout par les intérêts des chercheurs, les goûts du grand public et les paramètres économiques des éditeurs ». Le « cas » Montaigne permet d'éclairer les conditions concrètes de toute médiation transculturelle : il engage d'abord les enjeux géo-politiques complexes d'une histoire interconnectée, où le Japon a servi de « tremplin » à la transmission du texte en Chine et en Corée ; relève ensuite de questions de bibliographie matérielle et d'écriture éditoriale, tout en reflétant le fonctionnement économique et juridique des maisons d'édition, contraintes ou non par le copyright ; et il impose bien sûr de prendre en compte l'historicité du lecteur. Selon la formule synthétique de McKenzie : « de nouveaux lecteurs créent des textes nouveaux dont les nouvelles significations dépendent directement de leurs nouvelles formes[9] ». Plus largement, ce volume montre la place ménagée à la langue et à la littérature française, et partant l'évolution des études en ce domaine, dans l'histoire institutionnelle de ces pays.

Les contributions de cette première section sont organisées chronologiquement, de la première réception japonaise de l'œuvre de Montaigne à l'accueil que lui réserve la Chine moderne et contemporaine, tout en considérant l'histoire de sa diffusion en Corée du Sud.

C'est en 1937 qu'Hideo Sekine propose la première traduction intégrale des *Essais* en japonais, qui sera suivie de trois autres, fruits de spécialistes de littérature française. Mais c'est d'une première réception, aujourd'hui oubliée, que Koji Takenaka entend témoigner, celle des anglicistes japonais, qui possèdent les traductions de Florio et de Cotton dans leurs bibliothèques et qui, dès les années 1920, se tournent vers Montaigne pour affiner leur compréhension de l'*essay*, avant d'en proposer, en 1927, la première traduction (partielle), à l'ombre de Charles Lamb et Ralph Waldo Emerson. Cette dernière prend comme texte source la version anglaise de Cotton, alors que Sekine, dix ans plus tard, utilisera l'édition Villey en adoptant sa distinction A, B et C. L'édition

9 Donald F. McKenzie, *Bibliography and the Sociology of Texts*, 1986, p. 53.

critique en coréen parue en 2022 procède de même, à la différence de la première traduction intégrale dans cette langue, parue en 1965, qui bien qu'inspirée par Sekine ne dit rien de ses sources.

Seon-Hee Lee retrace les conditions d'émergence de telles entreprises, montrant que c'est surtout à travers les traductions japonaises, chinoises dans une moindre mesure, que les lecteurs coréens eurent accès aux œuvres occidentales durant l'Occupation japonaise, qui prend fin en 1945. Les étudiants coréens en lettres françaises dans l'Archipel gagnèrent cependant l'accès aux œuvres originales, et par là les moyens de leur émancipation. Comme le montre la contributrice, c'est dans les formes de la publication et de la circulation des traductions de Montaigne que se joue leur nouveau sens, qui reflète l'essor, parfois sauvage, du marché éditorial coréen : d'où l'importance que revêtent supports (périodiques versus livres), choix typographiques (écriture verticale traditionnelle versus écriture horizontale, devenue la norme) et alphabétiques (recours aux idéogrammes chinois ou alphabet exclusivement coréen). Montaigne était conscient de la caducité de son œuvre et de sa langue ; il en est de même des traductions, dont le vieillissement garantit la naissance de nouvelles propositions, oscillant entre intérêts commerciaux et ambitions intellectuelles.

En ce qui concerne la Chine, Ji Gao note la « froideur » de l'accueil d'abord réservé à Montaigne, malgré la parution sporadique, dans les années 1930-1940, des traductions de certains essais par Liang Zongdai. La reconnaissance graduelle de son œuvre depuis la réforme et l'ouverture du pays, en dépit des « barrières culturelles » entravant l'accès au texte a, selon l'auteur, imposé trois principaux « visages » de Montaigne : l'essayiste, le penseur, le maître du bien vivre. À côté de deux traductions intégrales des *Essais*, parues en 2009 et 2022 (il n'existe cependant pas encore d'édition savante), l'essor des traductions partielles ces vingt dernières années offre un observatoire passionnant à Jia Gao pour cerner les critères de sélection de certains chapitres, alors que d'autres sont systématiquement délaissés – sur le modèle de certaines anthologiques françaises ou à rebours des goûts occidentaux (ainsi « Des coches », « Des cannibales » ou encore « Des boyteux », plébiscités par la critique). Ces biais éditoriaux favorisent la figure du vieux sage retiré dans sa tour pour méditer sur soi, la vie intime, l'amitié, aux dépens des sujets politiques et historiques.

Jienjing Ma explore de son côté un aspect fondamental de la réception chinoise de Montaigne, qui l'érige peu à peu en figure canonique de la pédagogie moderne, notamment sous l'influence de traductions japonaises convoyant l'histoire de l'éducation occidentale. L'auteure analyse une archive fascinante, 44 copies conservées du concours impérial qui se tint en 1902 à Zhejiang, région de l'Est de la Chine. Près de la moitié des copies, sur le thème de l'éducation, convoquent Montaigne, un Montaigne moralisé, partisan du modèle spartiate. La réécriture en chinois de ses propos sur l'éducation (Lei Tongqun, 1934) valorisera plus tard un mode d'enseignement apprenant à « répondre aux exigences de l'État ». Sa philosophie intéresse ici en tant qu'elle contribue à l'éducation de l'homme et de ce fait, revêt une forte valeur politique, que les anthologies analysées par Ji Gao avaient tendance à gommer.

VIES PARALLÈLES : MONTAIGNE ET SES ALTER EGO

Dans cette deuxième section, il s'agit d'établir des passerelles entre Montaigne et certains auteurs clés de la culture est-asiatique, sans qu'ils aient nécessairement pu exercer d'influence l'un sur l'autre. Dans les travaux fondamentaux de Jean François Billeter sur Tchouang-tseu, la figure de Montaigne apparaît fréquemment[10]. De cette démarche critique, Michiko Ishigami fut une figure pionnière. En 1964, Maurice Rat, dans un compte rendu du *BSAM* intitulé « Montaigne au Japon », exprime toute son admiration pour cette jeune japonaise, qui « vient de soutenir dans notre vieille Sorbonne une thèse très remarquable : *La sagesse et la condition humaine selon l'humanisme et le boudhisme*[11] ». Balayant toute potentielle objection et offrant la synthèse d'une étude « qui établit de précieuses et précises concordances entre la sagesse de Montaigne et celle d'un 'moine' bouddhiste du moyen âge, Kenkô », le célèbre critique estime que les deux auteurs

10 *Leçons sur Tchouang-tseu*, Paris, Allia, 2016 [2002] ; *Études sur Tchouang-tseu*, Paris, Allia, 2016 [2006] ; *Notes sur Tchouang-tseu et la philosophie*, Paris, Allia, 2010.

11 « Montaigne au Japon », *Bulletin de la Société des amis de Montaigne*, série III, n° 30, 1964 (Avril – Juin), p. 60-62, ici p. 60.

> peuvent et doivent être rapprochés l'un de l'autre par leur demi-retraite de ce monde en proie aux désordres politiques et moraux, qui caractérisent l'époque de chacun d'eux; par leur « déchiffrement » de la condition humaine et la recherche d'un art de vivre heureux; par l'identité de forme que trouva dans l'*essai* leur pensée; par cet esprit critique enfin qui leur fit découvrir ce que Mlle Michiko Ishigami appelle « l'impermanence » et l'interdépendance des phénomènes du monde[12].

Dans le prolongement de son enquête, Stephen Leach et Gordon Warren éclairent sous un nouvel angle, dans ce volume, les rapprochements possibles entre Kenkô et Montaigne : le choix de la forme de l'essai qui leur est commun, aussi différentes soient les traditions dans lesquelles elle s'élabore, serait lié à un choix de vie, celui d'être des hommes de loisir, *Men of leisure*, libres de s'abandonner à leur plume et de se mettre dans un état de disponibilité réceptive à la compréhension du monde. L'essai est le mieux à même d'épouser cette manière vagabonde et sceptique qui s'oppose au travail acharné de la raison prôné par certains philosophes comme Kant, de regarder et de *se regarder regarder*, tout en exprimant les mouvements de l'« âme qui s'ouvre », notion empruntée à Bergson[13] (remarquons au passage que les travaux de ce philosophe sur la métaphysique connurent une grande fortune en Chine[14]).

La démarche de la sinologue Rivi Handler-Spitz est différente, en ce qu'elle met cette fois en regard Montaigne et l'un de ses contemporains, le lettré chinois, Li Zhi (1527-1602)[15], en vertu d'affinités électives inédites. Par un élargissement décapant du point de vue critique qui transgresse les frontières des canons nationaux, elle envisage la France dans le contexte beaucoup plus large de l'Eurasie, en se fondant sur la notion de « continuités horizontales » empruntée à Joseph Fletcher. Ce déplacement d'échelle critique, loin de souscrire aux principes du *distant reading* professé par Moretti, s'en démarque à double titre : en privilégiant la lecture rapprochée et en battant en brèche l'idée d'une influence du centre sur la périphérie au profit d'une vision du monde « polycentrée ». Sans se connaître, les deux écrivains présentent d'étonnantes similitudes

12 *Ibid.*, p. 61.

13 *Les deux sources de la morale et de la* religion, Paris, PUF, 1932.

14 Joseph Ciaudo, « Introduction à la métaphysique bergsonienne en Chine. Échos philosophiques et moralisation de l'intuition », *Noesis*, 21 | 2013, 293-328.

15 Son article reprend des éléments de son livre *Symptoms of an Unruly Age* : *Li Zhi and Cultures of Early Modernity*, Seattle, University of Washington Press, 2017.

traduisant les conditions d'élaboration de leurs œuvres en des temps de trouble, et pratiquent un art de la contradiction exigeant du lecteur l'indépendance critique vis-à-vis des autorités, y compris la leur.

La contribution d'Anna Ogino rebat à son tour les cartes temporelles, puisqu'elle explore le dialogue entre l'humaniste japonais Watanabe (1901-1975) et Montaigne, qui prend une dimension chorale en engageant la réception d'une réception. Ce traducteur irremplaçable de Rabelais se passionne en effet pour la lecture qu'a proposée Gide de Montaigne, tout en rejoignant ce dernier par la pratique de l'essai, l'esquive de tout système et un usage charnu et imagé de la langue (« la graisse qui suinte de sa peau » empêche les « étiquettes d'y adhérer » écrit-il à propos du Bordelais). Tout cela au point que les voix se confondent, et parlant de Montaigne, Watanabe semble souvent « parler de lui-même ». Il fait siennes la tolérance et le scepticisme de son compagnon de route pour critiquer les excès nationalistes de son pays, et actualise sa lecture des « Cannibales » en jouant du renversement : les Japonais, lance-t-il à son lecteur, ne seraient-ils après tout des cannibales pour le reste du monde ?

En somme, à la confrontation des lieux répond le mélange des temps : pour renchérir sur la boutade de Pierre Bayard, Kenkô (XIVe siècle) aurait plagié par anticipation Montaigne, qui en aurait fait de même avec le japonais Watanabe (XXe siècle), tandis que Montaigne et Li se seraient mutuellement pillés sans le savoir[16].

En coda, le volume se conclut sur une réflexion plus large, interrogeant ce qui peut, pour un lecteur japonais, résonner dans les *Essais* en rapport avec certains thèmes fondateurs des mythes nationaux. Shinya Miyakawa explore les notions clé de « forme creuse » et d'oisiveté, qu'incarne un dieu inactif de la mythologie japonaise. Il montre que loin d'être stigmatisée comme désœuvrement, l'oisiveté relève au Japon d'un « laisser agir » la nature, cher également à Montaigne, tandis que le taoïsme en fait aussi une valeur.

16 Pierre Bayard, « Le plagiat par anticipation », *La Lecture littéraire*, numéro spécial « Écrivains, lecteurs », sous la direction de Bruno Clément, février 2002.

LES *ESSAIS*, NI GASCONS NI FRANÇAIS, MAIS CITOYENS « DU MONDE[17] » ?

Au vu de ce panorama, on aura compris le caractère obsolète et réducteur du paradigme de l'influence, auquel on préférera l'approche développé par Margaret Litvin sur Shakespeare et le monde arabe, qu'elle nomme *global kaleidoscop*[18] : les publics étrangers viennent à connaître Montaigne à travers un faisceau polyglotte de textes et d'ouvrages critiques, venus de partout (ainsi de l'essor d'ouvrages sur la vie et l'œuvre de Montaigne traduits en chinois évoqué par Jia Gao), et non pas grâce à la seule source « originale » française. En Chine et en Corée, comme on l'a vu, la connaissance de l'œuvre montaignienne a notamment été médiatisée par ses traductions en japonais ; soulignons également le rôle joué par les voyages d'intellectuels chinois au Japon, et par les études de jeunes coréens dans l'Archipel, durant une Occupation qui joua paradoxalement le rôle de « médiateur » (Seon-Hee Lee). En tant que fondateur du genre de l'essai, le Bordelais devient aussi une référence incontournable pour les anglicistes japonais (Koji Takenaka) et les écrivains chinois anglophones qui s'intéressent aux *essays* anglais[19]. Chez les auteurs qui s'en inspirent, le nom de Montaigne peut même être volontairement effacé, en un tour surprenant de passe-passe polyculturel : en publiant, en 1937, aux États-Unis et pour un public américain, *The Importance of Living*, Lin Yutang aurait stratégiquement masqué toute allusion à Montaigne, alors que son œuvre lui est fortement redevable, de sorte à apparaître comme un représentant fidèle de la culture chinoise tout en s'adressant à ses lecteurs d'une manière qui leur soit familière, comme le montre ailleurs Rivi Handler-Spitz[20]. Rien de plus montaignien que

---

17 Nous faisons allusion au célèbre passage où Montaigne attribue à Socrate l'anecdote que Diogène Laërce rapporte à propos de Diogène de Sinope dans ses *Vies et Opinions des philosophes illustres :* « On demandoit à Socrates d'où il estoit. Il ne respondit pas : D'Athenes ; mais : Du monde » (I, 26, p. 157A).

18 Margaret Litvin, *Hamlet's Arab Journey : Shakespeare's Prince and Nasser's Ghost*, Princeton, Princeton University Press, 2011.

19 Gao, « La réception de Montaigne en Chine », art. cité.

20 Rivi Handler-Spitz, « The Importance of Cannibalism : Montaigne's Essays as a Vehicle for the Cultural Translation of Chineseness in Lin Yutang's *The Importance of Living* », *Compilation & Translation Review*, vol. 5, nº 1, mars 2012, p. 121-158.

ce « larrecin » : Montaigne, pillé et travesti, en vient à incarner l'esprit chinois en anglais.

La *peregrinatio* de chercheurs asiatiques en France, qui ont choisi d'écrire leur thèse en français sous la direction de spécialistes de Montaigne, avant de retourner occuper des postes universitaires dans leur pays d'origine, témoigne, d'une autre manière, de ces transferts culturels complexes et jamais unidirectionnels. Par leur sagacité et leur passion, ils ont véritablement joué le rôle de « truchements », mot emprunté à l'arabe turjumân ترجان signifiant « traducteur », qui prend au XVIe siècle le sens plus large d'« intermédiaire », de « passeur », d'« interprète ». Le parcours de Michiko Ishigami-Iagolnitzer est à cet égard tout à fait remarquable. Née à Tokyo en 1935, elle a été l'une des premières femmes admises à l'université de Tokyo, avant de soutenir, comme on l'a déjà mentionné, sa thèse à la Sorbonne, puis une thèse d'État, avant de devenir membre du CNRS et d'enseigner la langue et la littérature japonaise à l'École polytechnique. Sur ses traces, la jeune chercheuse Jiening Ma vient de publier un livre issu de sa thèse, *Montaigne en Chine*, qui étudie la réception du Bordelais entre 1886 et 1943[21].

C'est dans ces échanges que se définissent les nouveaux paradigmes de ce que certains appellent aujourd'hui, non sans controverses, la « littérature mondiale », paradigmes que ce volume invite à repenser[22]. Goethe eut le premier cette idée d'un avènement de la *Weltliteratur* en lisant un roman.... chinois traduit en allemand. La littérature européenne constitue alors le modèle à partir duquel sont lus, jugés et reconnus, les littératures lointaines ou naissantes. La stabilité de ce point de vue va se trouver ébranlée, et la *Weltliteratur*, traduite en toutes les langues, perdre son enracinement[23]. La littérature mondiale, c'est la littérature *du* monde entier, *pour* le monde entier – mais pas nécessairement celle qui serait reconnue comme telle *par* le monde entier, et ferait d'elle une littérature universelle. Est-ce le cas de l'œuvre de Montaigne, étant donné son ubiquité et le succès qui l'accompagne dès le vivant de son auteur ? Son hypothétique « universalité » est-elle qualité éternelle

21 Jiening Ma, *Montaigne en Chine*, Tusson, Charente, Du Lérot, 2023 (la thèse a été dirigée par Isabelle Pantin, ENS).

22 Jérôme David, *Spectres de Goethe. Les métamorphoses de la « littérature mondiale »*, Paris, Les Prairies ordinaires, 2011.

23 Christophe Pradeau et Tiphaine Samoyault (dir.), *Où est la littérature mondiale ?*, Saint-Denis, Presses Universitaires de Vincennes, 2005.

ou provisoire ? Et les critères pour la déterminer sont-ils eux-mêmes universels[24] ?

La réception de Montaigne en Asie permet de méditer plusieurs réponses possibles : son œuvre serait universelle en ce qu'elle stimule l'effort interprétatif de groupes culturels très hétérogènes, qui la jugent dignes d'intérêt au-delà des différences culturelles. Elle serait universelle en ce qu'elle met en jeu l'« humaine condition » dont chaque homme porte la « forme entiere[25] », et propose une multitude de faits et dits caractérisant l'expérience humaine. Ou encore, elle serait universelle en ce qu'elle circule sous diverses formes, sur toute la planète, et fait partie de ce qu'on appelle, à tort ou pour diverses raisons, « la littérature mondiale ». Selon David Damrosch, la variabilité constitue même un trait constitutif de cette littérature, car « mondialité », pour lui, signifie non pas l'appartenance à un canon quelconque, mais un processus de démultiplication des traductions, un mode de circulation et de lecture : « And so the final part of my definition of world literature : *not a set canon of texts but a mode of reading, a detached engagement with a world beyond our own*[26] ». Cette conception réhabilite la contingence et la subjectivité du lecteur, et milite en faveur du plaisir du texte et de la jouissance critique procurés par la multiplication des positions de lecture. Montaigne lui-même l'appelait de ses vœux, en soulignant l'extensibilité potentiellement infinie de son livre aux mains du lecteur, qui en pourra produire « infinis essais[27] ».

Pour autant, toute forme de réception est-elle légitime ? En mettant en avant la flexibilité d'un lecteur érudit et cosmopolite, Damrosch semble passer sous silence les stratégies de sélection et de filtrage imposées par certains agendas culturels, politiques et éditoriaux – qu'ils cherchent à

24 « Rightly or wrongly, non Western [and also some Western] thinkers have suspected or accused Westerners of foisting 'universals' upon them that are in fact normative, culture-bound, and Western » (Donald E. Brown, « Human Universals and their implications » in *Being Humans : Anthropological Universality and Particularity in transdisciplinary perspectives*, éd. N. Roughley, Berlin – New Yord, De Gruyter, 2000, p. 156-174, ici p. 171).

25 *Essais*, III, 2, p. 805 B.

26 David Damrosch, *What is World Literature*, Princeton, Princeton University Press, 2003, p. 297. Voir encore p. 277 : « A work of world literature has its fullest life, and its greatest power, when we can read it with a kind of *detached engagement*, informed but not confined by a knowledge of what the work would likely mean in its original time and place, even as we adapt it to our present context and purposes ».

27 « Et combien y ay-je espandu d'histoires qui ne disent mot, lesquelles qui voudra esplucher un peu ingenieusement, en produira infinis Essais » (I, 40, p. 251 C).

neutraliser la singularité de l'œuvre et à en évacuer la complexité interne, incompatibles avec certaines lignes idéologiques, ou tout simplement à séduire une large audience, dans une visée commerciale. Ji Gao mentionne ailleurs le succès récent, en Chine, de traductions partielles de Montaigne, pour la plupart d'après des traductions anglaises, qui en font un moraliste ou un sage, sous des titres tels que : *Livre de bonheur* (2012), *Pensées d'une vie de sagesse* (2008), *Montaigne sur la vie* (2004)[28].

Or l'on sait, depuis l'ouvrage fondateur de Jean-Yves Pouilloux, *Lire les Essais* (1969), et les études philologiques d'André Tournon, à quel point éditions et commentaires ont pu s'employer à museler le « monstre philosophique et littéraire » des *Essais*[29], en le soumettant à une typographie normalisée, en le découpant (le dit « syndrome du charcutier ») et en le réduisant à un recueil d'anecdotes moralisantes. Ces défigurations, qui indéniablement trahissent le texte, n'en peuvent pas moins constituer des *transformations significatives* dans la perspective de l'histoire culturelle, qui revendique la neutralité axiologique et aborde les représentations culturelles en fonction de la manière dont elles ont été perçues à une époque donnée. En cherchant à éclairer la réception de Montaigne en Asie, ce numéro spécial permet ainsi de reposer à nouveaux frais le débat entre *histoire littéraire traditionnelle*, qui met en jeu des jugements de valeur d'ordre esthétique, philologique ou académique, et les *méthodes de l'histoire culturelle*, qui entend accorder de l'intérêt à des productions faiblement légitimées par la hiérarchie culturelle dominante de leur temps ou du nôtre, avec tous les effets de distorsion que cela peut entraîner.

Mêlant identités culturelles et institutionnelles multiples, ce volume collectif aura en somme travaillé ces deux questions : entre domestication et révérence, ensauvagement et aliénation, comment a-t-on cherché, dans divers pays d'Asie de l'Est, à acclimater à de nouvelles configurations culturelles le « cheval eschappé » mis en rolle par l'écriture montaignienne[30] ? Et réciproquement, comment a-t-on tenté, du côté occidental comme oriental, de rapprocher certains courants littéraires et philosophiques asiatiques de la pensée essayiste – avec les risques

28 Gao, « La réception de Montaigne en Chine », *op. cit.*

29 André Tournon, « L'énergie du 'langage coupé' et la censure éditoriale », in *Montaigne et la rhétorique*, Actes du Colloque de St Andrews, 28-31 mars 1992, dir. John O'Brien, Malcom Quainton et James J. Supple, Paris, Champion, p. 117-134, ici p. 131.

30 I, 8, p. 33 A.

méthodologiques que cela comporte ? « Je tors bien plus volontiers une bonne sentence pour la coudre sur moy, que je ne tors mon fil pour l'aller querir » écrit Montaigne[31].

L'enjeu est d'ordre aussi bien historique, herméneutique qu'anthropologique. Jean François Billeter, adversaire du relativisme culturel, se demande si l'on peut parvenir à une conception du sujet humain qui permette de mettre en rapport histoire de la pensée chinoise et histoire de la pensée occidentale sans être tributaire ni de l'une, ni de l'autre tradition : « Quand on pose *a priori* la différence, on perd de vue le fond commun. Quand on part du fond commun, les différences apparaissent par contre d'elles-mêmes[32] ». À ce type de rapprochement qui exclut l'identité, Montaigne lui-même semble nous encourager, lorsqu'il compare « ce nouveau monde des Indes occidentales avec le nostre, presant et passé » : « je me suis souvent esmerveillé de voir, en une tres grande distance de lieux et de temps, les rencontres d'un grand nombre d'opinions populaires monstrueuses et des meurs et creances sauvages [...][33] ». On pourrait croire qu'il inventorie les « universaux culturels » chers aux anthropologues, si ce n'est, analyse Claude Lévi-Strauss, « qu'il s'attache autant à souligner les différences que les ressemblances, mettant sur le même plan identité et contradiction » pour suggérer que « toujours et partout, ces coutumes et ces croyances sont arbitraires » et suspecter leur fondement naturel[34]. Les métamorphoses asiatiques de Montaigne reposent ainsi à nouveaux frais la question du statut de la « rencontre » culturelle qu'il soupèse lui-même dans son texte, marque d'invariance culturelle, promesse essentialiste, ou jeu fortuit du hasard. Reste à mesurer les effets sur les études montaigniennes d'un tel renouvellement de leur orientation vers l'Est, susceptible de désorienter et de réorienter nos habitudes de lecture, par un fécond déboussolement.

Dominique BRANCHER
Yale University

31 I, 26, p. 171 C.

32 *Contre François Jullien*, Paris, Allia, 2017 [2006], p. 82.

33 II, 12, p. 573C.

34 *Histoire de Lynx*, *op. cit.*, chap. 18 « En relisant Montaigne », p. 140.

BIBLIOGRAPHIE SÉLECTIVE DES TRAVAUX DE MICHIKO ISHIGAMI-IAGOLNITZER

Découverte mutuelle Extrême-Orient – Occident à la Renaissance. Rencontre entre Européens et Japonais, Préface de Daniel Iagolnitzer, Paris, L'Harmattan, 2018.

Dialogue interreligieux monastique bouddhistes-chrétiens, au Japon et en Europe, Paris, Sciences et lettres, 1992.

Idée de la destinée humaine selon quelques humanistes du temps des guerres civiles, 1560, 1562-1598 : Hotman, La Boëtie, Montaigne, Charron, Sanchez, Du Vair, A.N.R.T., 1981.

« La sagesse et la condition humaine selon l'humanisme de Montaigne et le bouddhisme de Kenkô », *BSAM*, 1967-2, n° 10, p. 25-37.

Le Livre et l'imprimerie en Extrême-Orient et en Asie du Sud, colloque organisé à Paris, du 9 au 11 mars 1983, Michiko Ishigami-Iagolnitzer, Monique Cohen, Jean-Paul Drège (éd.), Institut d'étude du livre (France), Société des bibliophiles de Guyenne, 1986.

« L'homme devant la vie et la mort selon Kenkô et Montaigne : Essai de philosophie comparée », *BSAM*, 1985 (janvier-juin), n° 21-22, p. 43-53.

TRADUIRE MONTAIGNE.
BIAIS ET DÉFIS
D'UNE RÉCEPTION TRANSCULTURELLE

LECTEURS OUBLIÉS DE MONTAIGNE

La première réception littéraire des *Essais* chez les anglicistes japonais

« Rendre vertical ce qui est horizontal », telle est une des expressions conventionnelles en japonais qui désigne la traduction des textes occidentaux en langue vernaculaire, puisque l'écriture japonaise s'écrit en principe de haut en bas. En ce sens, Montaigne figure, avec Pascal et Proust, parmi les écrivains français classiques dont l'œuvre majeure est la plus *mise à la verticale* : les *Essais* ont été intégralement traduits en japonais à quatre reprises. Toutes ces versions japonaises sont d'ailleurs faites à partir du texte original de Montaigne, par des spécialistes de littérature française[1]. Depuis longtemps, grâce à leurs infatigables efforts, les lecteurs japonais peuvent lire sans mal et savourer les *Essais* transplantés en langue autochtone.

Indépendamment de ces quatre traductions intégrales, voire même avant elles, il y a eu quelques tentatives de traduction partielle des *Essais*, dont la toute première date de 1927-1928[2]. Celle-ci précède de huit ans la première traduction intégrale accomplie par Hideo Sekine. Il lui manque l'intégralité de l'*Apologie de Raymond Sebond*, avec quelques omissions de phrases et d'expressions malséantes dans d'autres chapitres, selon la préface donnée par un des traducteurs[3]. Si, aujourd'hui, personne ne recourt à cette version précurseur, c'est non seulement parce qu'elle est vieillie et incomplète, mais encore sans doute parce qu'elle

---

1 Par ordre chronologique de date de publication de la première édition : Hideo Sekine (Tokyo, Hakusuisha, 1935), Jiro Hara (Tokyo, Iwanami Shoten, 1965-1967), Shinzaburo Matsunami (Tokyo, Kawade Shobo, 1966-1967), Shiro Miyashita (Tokyo, Hakusuisha, 2005-2016). Voir Hironobu Saito, « La réception de Montaigne au Japon », *Montaigne Studies*, vol. VII, 1995, p. 213-224 ; Shinya Miyakawa, « Montaigne au Japon après la Restauration de Meiji (1868-1920) », *ibid.*, vol. XVI, 2004, p. 197-205.

2 Montaigne, *Zuihitsushu* [*Les Essais*], trad. par Goro Takahashi et Kojo Kurihara, Tokyo, Kokumin Bunko Kankokai, 2 vol., 1927-1928.

3 Kojo Kurihara, « *Reigen* [Préface] », *ibid.*, p. 2.

est discutable d'un point de vue linguistique : il s'agit d'une traduction indirecte, réalisée d'après celle en anglais de Charles Cotton[4]. On la doit aux deux anglicistes japonais Goro Takahashi et Kojo Kurihara.

En fait, ces derniers ne sont pas les seuls spécialistes japonais de littérature anglo-américaine à s'intéresser à Montaigne à cette époque ; pendant l'entre-deux-guerres, nombreux sont ceux qui se tournaient vers les *Essais* afin d'y chercher, dans la plupart de cas, l'origine du genre de l'*essay* anglais. Or, le développement des études de littérature française au Japon les a peu à peu disqualifiés et leurs réflexions sur les *Essais* sont presque tombées dans l'oubli même chez leurs concitoyens seiziémistes. Nous profiterons donc du numéro du *Bulletin* consacré à la présence de Montaigne en Asie, pour tenter d'exhumer cet aspect méconnu de la première réception des *Essais* au Japon.

La première question qui vient à l'esprit est la suivante : qui est le premier Japonais à avoir connu le nom de Montaigne ? On ne le sait pas exactement, mais, si l'on suppose que cela a eu lieu après la Restauration de Meiji en 1868, il est possible que cette première personne l'ait trouvé dans un écrit en anglais. En effet, vers la fin de l'époque d'Edo, l'anglais a remplacé le néerlandais dans sa position de langue étrangère scientifique et intellectuelle. Depuis la première moitié du XVIIe siècle, le gouvernement de Tokugawa avait interdit l'entrée des étrangers sur le sol japonais. Parmi les pays occidentaux, il n'avait permis de relations commerciales et diplomatiques qu'avec les Pays-Bas. Le néerlandais était ainsi devenu, pour ainsi dire, à l'exception du chinois classique et contemporain, la seule langue étrangère utilisée dans la communication avec les autres civilisations. Jusqu'à la fin de la politique d'isolement en 1842, on apprenait les dernières informations d'Europe par l'intermédiaire des Hollandais. Dès que le Japon rouvrit les frontières sous la pression des États-Unis, les études anglicistes s'imposèrent rapidement. En revanche, le français n'a été enseigné qu'à partir de 1861, au *Bansho Shirabesho*, le bureau gouvernemental de traduction à Tokyo. Par la suite, le gouvernement d'Edo a créé le Collège franco-japonais de Yokohama en 1865 en collaboration avec l'ambassade de France au Japon, en vue de former des officiers et interprètes francophones, mais celui-ci a été fermé trois ans plus tard avec la Restauration de Meiji[5].

4 *Ibid.*, p. 1.

5 Voir Sadao Tanaka, *Les Débuts de l'étude du français au Japon*, Tokyo, France Tosho, 1983.

Ce n'est que dans ce cadre restreint que les Japonais ont pu directement accéder au texte des écrivains français au début de l'ère Meiji. De fait, par rapport à l'enseignement de l'anglais, celui du français avait pris un tel retard que, sauf exceptions, il a fallu attendre les années 1870 pour qu'il soit enseigné dans des institutions scolaires. D'ailleurs, à l'époque où la Grande Armée de Napoléon conservait encore son prestige, tout comme le Code civil, le français était perçu comme une langue militaire et juridique. Dès 1867, un an avant la fin du règne, le gouvernement de Tokugawa a invité une mission militaire française. Après la Restauration de Meiji, le nouveau gouvernement a créé en 1871 *Meihoryo*, école de droit de Meiji, à l'intérieur du ministère de la Justice dans le but de promouvoir l'étude du droit français. L'an suivant, une deuxième mission militaire française est venue au Japon afin d'aider de nouveau à moderniser l'armée japonaise. Dans ce climat de grand changement politique et social, la littérature était mise de côté.

La situation s'est enfin mise à changer en 1891 quand Émile-Louis Heck[6], licencié de Lettres de l'Université de Poitiers et catholique convaincu appartenant à la Société de Marie, est arrivé au Japon. Il a été chargé d'enseigner la langue et l'histoire littéraire françaises au département de Littérature française de l'Université impériale de Tokyo, créé en 1889, ainsi qu'à l'École de l'Étoile du Matin *Gyosei*, fondée en 1888 à Tokyo par les Marianistes. Hideo Sekine se rappelle que c'est dans son cours de 1916 qu'il a entendu pour la première fois le nom de Montaigne ; et qu'un de ses cinq seuls camarades de cours, Shintaro Suzuki, lui, a consacré son mémoire de licence au scepticisme de l'essayiste, en consultant l'Édition municipale de Bordeaux, alors en cours de publication[7]. Or, pendant les trente ans d'enseignement universitaire de Heck, seuls une vingtaine d'étudiants sont sortis de

6 Sur Émile-Louis Heck, voir Akira Nishibori, « Émile-Louis Heck (1866-1943) » (article en japonais), *Kindai Nihonshi no Shinkenkyu III* [Nouvelles études sur l'histoire moderne du Japon III], sous la dir. de Yutaka Tezuka, Tokyo, Hokuju Shuppan, 1984, p. 33-64, repris dans *id.*, *Zohoban Nichifutsu Bunka Koryushi no Kenkyu* [Étude de l'histoire des relations culturelles franco-japonaises (nouvelle édition augmentée)], Tokyo, Surugadai Shuppansha, 1988, ch. 3-4, p. 497-526 ; Sadao Tanaka, « Émile-Louis Heck : Premier professeur de littérature française à l'Université Impériale de Tokyo, et Grand directeur de l'Étoile du Matin » (article en français), *Ippan Kyoiku Ronshu*, vol. 32, 2008, p. 53-67.

7 Voir la préface de Hideo Sekine à sa traduction des *Essais*, Tokyo, Kokusho Kankokai, 2014, p. 1.

son département[8]. Ils sont certainement parmi les premiers lecteurs japonais des *Essais* en français, mais il n'est pas exclu que d'autres aient pu aussi tomber sur le nom de Montaigne avant eux.

Cela dit, Montaigne devait leur apparaître moins comme une figure littéraire que comme un pédagogue. En effet, durant la dernière moitié du XIXe siècle, l'éducation demeurait un des problèmes les plus urgents pour le Japon. Menacé de toute part par les puissances occidentales, le nouveau régime de Meiji s'était imposé la tâche de moderniser le pays au plus vite afin qu'il ne soit pas colonisé ; face à cette crise extérieure, on était convaincu de la nécessité d'une formation à l'occidentale du peuple japonais, et pour cela on traduisait beaucoup de livres de didactique[9]. C'est dans ce type d'ouvrages qu'est apparu le nom de Montaigne de façon fréquente jusqu'à la fin du XIXe siècle. Outre des mentions passagères comme celle, unique, dans *Education : intellectual, moral, and physical* (1860) de Herbert Spencer traduite en 1880[10], on pouvait lire dès 1885 un développement détaillé en japonais sur Montaigne dans la traduction de la *Cyclopædia of Education* (1877) des deux pédagogues américains Henry Kiddle et Alexander J. Schem[11]. Ensuite, en 1887, Yoshiaki Yamamoto a traduit *An Introduction to the History of Educational Theories* (1881) du fameux enseignant du King's College de Cambridge, Oscar Browning[12], dont le chapitre V est consacré à Rabelais et Montaigne ; et puis, en 1892, Ko Matsushima et Takeshi Hashimoto ont traduit l'*Histoire de la pédagogie* (1886) de Gabriel Compayré qui traite Montaigne avec Érasme et Rabelais, à partir de la traduction en anglais faite par W. H. Payne[13]. Tout ce travail de traduction a fini par porter ses fruits, même si ce n'est que de façon restreinte : Shozaburo Nishimura, rédacteur de manuels scolaires, a publié en 1893 un précis d'histoire de l'éducation à l'étranger pour l'école des professeurs du secondaire et a consacré un court chapitre à la pensée pédagogique

8 A. Nishibori, *op. cit.*, p. 503. À noter que Hideo Sekine ne fait pas partie de ce groupe, puisqu'il n'était pas un étudiant inscrit au cours régulier (*Honka*), mais un étudiant inscrit au cours électif (*Senka*) du département.

9 Voir Hiroyasu Ogata, *Seiyo Kyoiku Inyu no Hoto* [Méthode pour l'implantation de l'éducation occidentale], Tokyo, Noma Institute of Educational Reserch, 1961, ch. 4, p. 153-189.

10 Trad. par Shimpachi Seki, Tokyo, Ministère de l'Éducation, 1880, p. 149.

11 Trad. par Shotaro Kobayashi et Ippo Kimura, vol. 20, Tokyo, Ministère de l'Éducation, 1885, p. 96-98.

12 Trad. par Y. Yamamoto, Tokyo, Makino Shobo, 1887.

13 Trad. par K. Matsushima et T. Hashimoto, Tokyo, Hukyusha, 1892.

de Montaigne[14]. L'aide-mémoire de Nishimura semble plus ou moins influencé par la traduction de Compayré, publiée l'année précédente chez le même éditeur. Après une note bibliographique, l'auteur met en évidence deux caractéristiques de l'éducation montaignienne concernant le pédantisme et l'assimilation. Bien que très limitées, les connaissances sur Montaigne s'accumulaient ainsi peu à peu par le biais de la traduction d'ouvrages didactiques anglais.

L'image fragmentaire du Montaigne pédagogue persistera encore pendant quelques décennies au Japon[15]. Néanmoins, vers la même époque, les anglicistes gagnent du terrain, et certains d'entre eux commencent à se tourner vers le texte même de Montaigne. À leur tête, on peut nommer Kinnosuke Natsume, connu sous le nom de plume de Soseki comme représentant des premiers écrivains modernes du Japon. En effet, dans l'inventaire de sa riche bibliothèque, il y a un exemplaire de la traduction anglaise des *Essais* de John Florio[16]. Élève au Premier Lycée de Tokyo, il a évoqué Montaigne une seule fois dans une dissertation en anglais, intitulée « *Japan and England in the Sixteenth Century* », qu'il a rédigée en 1890 pour son maître écossais James Murdoch[17]. Sorti en 1893 du département de Littérature anglaise de l'Université impériale de Tokyo, il a enseigné l'anglais dans plusieurs lycées avant d'être choisi comme boursier du gouvernement en 1900. À cette occasion, on lui a demandé d'étudier la didactique de l'anglais au Royaume-Uni. C'est peut-être pendant les deux ans de son séjour à Londres qu'il s'est procuré la traduction anglaise de Montaigne. Devenu plus tard romancier, Soseki ne l'a jamais mentionné dans ses publications, mais dans ses carnets de notes, on trouve quelques références et citations des *Essais*,

14 S. Nishimura, *Kaigai Kyoikushi Yo* [Précis d'histoire de l'éducation étrangère], Fukyusha, 1893, III, 9, p. 137-140.

15 Voir par exemple le compte rendu anonyme, dans la revue *Jido Kenkyo* [Études des enfants] (vol. 2, n° 4, 1899, p. 31-32), fait sur Montaigne, *The Education of Children*, textes choisis, trad. et annotés par Lizzie Eliza Rector, 1899 ; Munetoshi Irisawa, *Kindai Kyoiku Shisoshi* [Histoire de la pensée pédagogique moderne], Kyoto, Kodokan, 1914, p. 23-28 ; Rosei Shingyoji, *Taiiku no Kiso toshite no Tetsugaku* [Philosophie comme fondement de la gymnastique], Tokyo, Nihon Taiiku Gakkai, 1929, p. 45-48.

16 Soseki Natsume, *Teihon Soseki Zenshu* [Édition standard des œuvres complètes de Soseki], t. 27, Tokyo, Iwanami Shoten, 2020, n° 956, p. 79 : Montaigne, *Essays of Montaigne*, textes choisis et éd., avec une note préliminaire, par Percival Chubb, trad. de Florio, Londres, The Walter Scott Publishing, [s.d.]. Voir S. Miyakawa, art. cité, p. 201-203.

17 S. Natsume, *Teihon Soseki Zenshu.*, éd. citée, t. 26, 2019, p. 91.

qu'il a cependant glanées chez d'autres auteurs anglais ; par exemple, du *Compleat Angler* de Izaak Walton, l'auteur de *Je suis un chat* transcrit des passages, assez librement interprétés, de l'*Apologie* où Montaigne se demande si c'est lui ou son chat qui joue avec l'autre pour tuer le temps[18].

Il est vrai que Soseki était loin de pratiquer régulièrement Montaigne. C'est plutôt la génération suivante que forment notamment ses disciples et étudiants qui s'attaquera aux *Essais*. De retour de Londres, Soseki a enseigné l'anglais jusqu'en 1907 au Premier Lycée et au département de Littérature anglaise de l'Université impériale de Tokyo. Par exemple, Kojo Kurihara était l'un des étudiants du département qui suivaient ses cours[19]. De 1906, Soseki tenait tous les jeudis une sorte de salon littéraire chez lui pour accueillir ses amis et disciples. Parmi les écrivains qui fréquentaient sa maison figure Ryunosuke Akutagawa. Ayant intégré le département de Littérature anglaise de l'Université impériale de Tokyo en 1913, six ans après le départ à la retraite de Soseki, il n'a pas pu assister à ses cours, mais, ayant reçu de lui des conseils précieux tout au début de sa propre carrière de nouvelliste, il le respectait comme son mentor artistique. Rompu autant à la littérature chinoise classique qu'aux littératures européennes, Akutagawa possédait lui aussi un exemplaire de la traduction anglaise des *Essais*[20]. De plus, il évoque Montaigne dans une nouvelle satirique qu'il publie en mars 1927, quatre mois avant de se donner la mort ; il fait dire à un personnage de *Kappa*, un génie des eaux tiré du folklore japonais, qui s'est suicidé et qui communique par le biais d'une nécromancienne : « Montaigne, par exemple, qui donna une justification du suicide, est un ami que je respecte profondément[21] ». Une idée similaire se lit dans le recueil posthume d'aphorismes *Paroles d'un nain* : « L'apologie que Montaigne fait du suicide comprend de nombreuses vérités : ceux qui ne se tuent pas ne le font pas, mais ne peuvent le faire[22] ».

18 S. Natsume, *Teihon Soseki Zenshu*, éd. citée, t. 21, 2018, p. 386-387.

19 Sur Kojo Kurihara, voir Kunihiko Kagami, *Kojo Kurihara Motoyoshi no Ashiato* [Traces de Kojo Kurihara Motoyoshi], Tokyo, Bunka Shobo Hakubunsha, 1993.

20 D'après l'inventaire de la bibliothèque d'Akutawaga donné par Nihon Kindai Bungakukan (1977) : Montaigne, *Essays*, trad. par Charles Cotton, éd. avec une notice sur la vie de l'auteur, et des notes, par W. Carew Hazlitt, 2e éd., Londres, Bell, 1892, 3 vols. À ce sujet, voir S. Miyakawa, art. cité, p. 203-205.

21 Ryûnosuke Akutagawa, « Les Kappa », *Rashômon et autres contes*, notice, notes et traduction d'Arimasa Mori, préface de Claude Roy, Paris, Gallimard, 1965, p. 341.

22 *Id.*, *Zenshu* [Œuvres complètes], t. 9, Tokyo, Iwanami Shoten, 1978, p. 347 (c'est nous qui traduisons).

Il semble clair qu'Akutagawa se réfère au chapitre « De la coustume de l'isle de Cea[23] ». En fait, il s'agit d'un cas à part et malheureux, aucun autre écrivain japonais n'ayant montré une telle sympathie à l'égard de l'idée du suicide chez Montaigne. Les autres anglicistes se sont intéressés davantage à la forme littéraire des *Essais*.

Il en va ainsi pour Hakuson Kuriyagawa[24], ancien étudiant de Soseki au département de Littérature anglaise de l'Université impériale de Tokyo. Devenu lui-même un très en vue professeur de littérature anglaise à l'Université impériale de Kyoto, Kuriyagawa publie en 1920 un recueil rassemblant des articles de revues et de journaux, ainsi que des conférences de vulgarisation, donnés tout au long de douze années[25]. Dans le deuxième chapitre, il tente d'abord de définir les caractéristiques de l'essai, qui consisteraient dans « l'expression des tendances individuelles et personnelles[26] ». Puis, il nomme Montaigne comme fondateur du genre en littérature moderne en ajoutant : « Mis à part un nombre étourdissant de citations des Anciens, la façon d'écrire vague de Montaigne, à titre d'exemple, semble sûrement servir de modèle à des écrivains postérieurs comme [Ralph Waldo] Emerson[27] ». Comme il n'en dit pas davantage, on ne sait pas de quelle manière il lisait véritablement les *Essais*. Il remarque ensuite qu'en littérature anglaise, on a l'habitude de faire commencer le genre de l'essai avec Francis Bacon. Finalement, il change de point de vue et souligne que des textes qu'on pourrait qualifier d'essais existent déjà dans la littérature classique européenne avec les *Moralia* de Plutarque, ainsi que dans la littérature japonaise classique avec les *Notes de chevet* de Sei Shonagon et les *Heures oisives* de Kenko Yoshida. En général, ceux-ci sont tous les deux considérés comme des ouvrages représentatifs du *zuihitsu* japonais, genre littéraire traditionnel en prose libre. Toutefois, loin de lui l'idée de confondre l'essai avec tous les ouvrages du *zuihitsu* ; pour Kuriyagawa, ce qui importe dans l'essai repose plutôt sur l'humour que sur la forme. C'est dans ce sens qu'il

23 Voir Hatori Tetsuya, Nunokawa Junko (dir.), *Gendai no Baiburu. Akutagawa Ryunosuke Kappa Chukai* [La Bible moderne. Commentaires des *Kappa* de Ryunosuke Akutagawa], Tokyo, Bensei Shuppan, 2007, p. 354.

24 Sur Hakuson Kuriyaga, voir la série de Kyo Cho, « *Yume wo Tane Maku Hito* [Semeur de rêves]. Kuriyagawa Hakuson (1-8) », *Asteion*, vol. 89-96, 2018-2022.

25 Hakuson Kuriyagawa, *Zoge no To wo Dete* [Sorti de la tour d'ivoire], Tokyo, Fukunaga Shoten, 1920, repris dans *id.*, *Zenshu* [Œuvres complètes], t. 3, Tokyo, Kaizosha, p. 3-67.

26 *Ibid.*, p. 16.

27 *Ibid.*, p. 17 (c'est nous qui traduisons).

considère les *Essays of Elia* de Charles Lamb comme un chef-d'œuvre du genre[28].

À la suite de Kuriyagawa, un autre angliciste, Sohu Taketomo, découvre Montaigne à travers ses recherches sur l'essai anglais. Sorti du département de Littérature anglaise de l'Université impériale de Kyoto en 1914, il ne fait pas partie de l'école de Soseki, mais il a fait la connaissance de Kuriyagawa qui intègre la même université en tant qu'enseignant en 1913. De 1924 à 1925, Taketomo écrit une série de textes sur l'essai pour la revue littéraire *Myojo*. Il les réunit et les augmente de quatre chapitres en 1927 dans un ouvrage intitulé en japonais *Essai et essayistes*[29]. Taketomo y retrace l'histoire du genre de l'essai dans la littérature anglaise depuis ses débuts jusqu'à l'époque contemporaine. Au chapitre premier, il s'efforce d'abord de distinguer l'essai occidental du *zuihitsu* japonais, avant de consacrer le deuxième chapitre au couple Montaigne et Bacon. Dès le premier mot de ce chapitre-là, il met en question la traduction du terme *essai* par *zuihitsu*. Tout en admettant quelques traits en commun entre les deux, il définit l'essai comme de la « prose lyrique[30] », par rapport au genre du *zuihitsu*, qui serait plutôt proche, dans la littérature européenne, des « notes, propos de tables, méditations », ou encore des « lettres, vies, autobiographies, anecdotes, mémoires, confessions[31] ».

En effet, à la manière de Kuriyagawa, qu'il ne cite pourtant jamais, Taketomo insiste sur le caractère essentiellement « personnel » et « familier » de l'essai moderne[32]. À cause de la différence si grande par rapport à des essayistes anglais typiques comme Charles Lamb ou William Hazlitt, il est un moment tenté de considérer l'essai de Bacon comme appartenant au genre du *zuihitsu*[33]. Puis, Taketomo cite longuement des *Essais* de Montaigne des passages en français qui entourent le fameux alexandrin résumant l'amitié de Montaigne et de

28 *Ibid.*, p. 19.

29 Sohu Taketomo, *Essei to Esseisuto*, Tokyo, Hokubunkan, 1927. Dans ses œuvres choisies publiées en 1947, Taketomo donne une version encore remaniée et augmentée de l'ouvrage. Nous en consultons pour le moment la première édition de 1927. À ce sujet, voir aussi S. Miyakawa, art. cité, p. 200-201.

30 S. Taketomo, *op. cit.*, p. 7.

31 *Ibid.*, p. 5. Dans le texte original, l'auteur écrit le nom de ces genres littéraires en anglais.

32 *Ibid.*, « *Jo* [Préface] », p. 9. En anglais dans le texte.

33 *Ibid.*, p. 25-26.

La Boétie pour les traduire lui-même en japonais[34]. En opposant par la suite l'essai « *Of Friendship* » du philosophe anglais au chapitre « De l'Amitié » de Montaigne, il souligne le lyrisme et le caractère intime du texte de ce dernier :

> Ce que Bacon ne comprend pas, c'est, écrit-il, que ce qui caractérise surtout l'essai de Montaigne consiste dans la manière d'ouvrir son cœur sans pour autant se mettre à l'aise, par exemple dans la sensation incomparablement triste et douce, exprimée avant et après la phrase suivante : « parce que c'était lui ; parce que c'était moi[35] ».

Plus loin dans l'ouvrage, il évoque plusieurs fois le chapitre « De l'Amitié » de Montaigne en tant que paradigme du lyrisme de l'essai[36]. Bien que de façon très spécifique, parmi les anglicistes japonais de l'époque, il est sans aucun doute celui qui s'est le plus approché des *Essais* avant la parution de la première traduction de seconde main, donnée la même année par Kojo Kurihara et Goro Takahashi. Il n'en demeure pas moins que pour Taketomo, c'est Charles Lamb qui est le meilleur essayiste, même s'il regarde l'auteur des *Essays of Elia* comme un descendant direct de Montaigne dans la mesure où ils tentent tous les deux de se peindre dans leurs ouvrages[37].

Dans les années 1920, les anglicistes japonais se sentaient ainsi souvent obligés de consulter les *Essais* de Montaigne, afin de mieux comprendre l'essai anglais depuis son origine française. Il n'en va pas si différemment chez Kojo Kurihara. De fait, ce dernier mentionne Charles Lamb dans la courte préface à sa traduction des *Essais* de 1927, en s'expliquant sur le choix du titre en japonais :

> Si j'ai traduit, dit-il, le terme *essai* par *zuihitsu*, c'est que, comme l'a naguère dit M. le Professeur Tokuboku Hirata dans l'introduction à sa traduction des *Essays* de Lamb, cet ouvrage [de Montaigne] a servi de modèle à Lamb et à d'autres essayistes postérieurs en tant que notes diverses, propos divers au sens véritable des termes ; et qu'il m'a paru propre de l'appeler ainsi [*zuihitsu*] plutôt que *ronbun*, *ronsetsu* [articles, dissertations], dans la mesure où l'auteur se peint à beaucoup d'endroits de façon ouverte[38].

---

34 *Ibid.*, p. 26-28. On ne sait pas quelle édition des *Essais* Taketomo consulte.
35 *Ibid.*, p. 30 (c'est nous qui traduisons).
36 Voir *ibid.*, p. 163 et 254.
37 *Ibid.*, p. 103 et 118.
38 Kojo Kurihara, « *Reigen* », dans Montaigne, *Zuihitsushu*, trad. citée, p. 2.

Tout en admettant le caractère personnel de l'ouvrage, Kurihara ne distingue pas l'essai du genre du *zuihitsu* d'une manière aussi stricte que Kuriyagawa ou Taketomo. Il souligne plutôt le fait que c'est l'aspect intime des *Essais* de Montaigne qui les rapproche du genre japonais et les éloigne du celui de traité. Or, Tokuboku Hirata, qu'il évoque comme traducteur de Lamb et qui lui aurait transmis sa conception de l'essai, est son ancien professeur d'anglais au collège. En 1922, celui-ci a donné une édition choisie et commentée des *Essays of Elia*[39]. Dans l'introduction, il mentionnait Montaigne comme « *essayist*[40] » pionnier de la littérature européenne. Selon Hirata, Lamb partagerait à peu près la même conception de l'essai que Montaigne, et cela résiderait en un désordre organisé de rêveries, de mémoires et d'idées[41]. Néanmoins, utilisant des mots anglais dans le texte japonais, Hirata semble toujours éviter d'identifier *essay* avec *zuihitsu*. De fait, il écrira plus tard, en 1933, un texte intitulé en japonais « Essai et *zuihitsu*[42] », pour les distinguer l'un de l'autre en disant : « L'essai serait ce que sont devenues les matières de miscellanées et de *zuihitsu* après être passées par la fournaise de l'art[43] ». C'est donc Kurihara lui-même qui, tout en consultant des études récentes sur l'essai de Lamb, a finalement choisi le terme de *zuihitsu* pour le titre de sa traduction des *Essais*, d'autant que Goro Takahashi, son collaborateur plus âgé d'une trentaine d'années, ne semble occuper qu'une position auxiliaire dans leur travail[44].

Pour traduire les *Essais* de Montaigne, Kurihara devait avoir une motivation spécifique. Depuis la fin du XIXe siècle, on n'avait cessé de traduire l'essayiste américain Ralph Waldo Emerson en japonais. À l'époque au Japon, on l'appréciait beaucoup comme pendant américain de Thomas Carlyle. En 1903, Masanobu Otani avait donné pour la

39 Charles Lamb, *The essays of Elia*, avec introd. et notes par Kiichi Hirata, Tokyo, Kenkyusha, 1922.

40 *Ibid.*, p. XII. En anglais dans le texte.

41 *Ibid.*, p. XIII.

42 Tokuboku Hirata, « *Essei to zuihitsu* [Essai et *zuihitsu*] », *Eigo Seinen*, vol. 68, n° 12, p. 400-401, repris dans *id.*, *Ro ni Yorite* [Appuyé contre le foyer], Tokyo, Buntaisha, 1934, p. 19-24.

43 *Ibid.*, p. 23 (c'est nous qui traduisons).

44 Voir Kojo Kurihara, « *Reigen* », dans Montaigne, *Zuihitsushu*, trad. citée, p. 2. Sur Goro Takahashi, voir Nori Hirai, Teruko Takagishi, « Goro Takahashi », dans Showa Joshi Daigaku Kindai Bungaku Kenkyushitsu (dir.), *Kindai Bungaku Kenkyu Sosho* [Collection des recherches sur la littérature moderne], t. 39, Tokyo, Showa Joshi Daigaku Kindai Bunka Kenkyujo, 1974, p. 246-315.

première fois la version japonaise des *Representative men* d'Emerson qui comprennent un essai sur Montaigne[45]. Ce dernier est resté longtemps le texte le plus ample qu'on pouvait lire en japonais sur l'auteur des *Essais*. Kuriyagawa devait probablement y songer quand il a évoqué, nous l'avons vu plus haut, Emerson en parlant de l'influence de Montaigne. De son côté, Tokuboku Hirata a présenté en 1917 les œuvres complètes en japonais de l'essayiste américain, en collaboration avec un autre angliciste, Shukotsu Togawa[46], qui, lui, avait traduit dès 1911 les *Essays, First Series* d'Emerson[47]. Il appelait lui aussi ces essais « *ronbun* » [articles] dans le titre japonais. En 1918, Togawa a ensuite publié la traduction abrégée des *Oliver Cromwell's Letters and Speeches* de Carlyle[48]. Convergeaient ainsi les intérêts de certains anglicistes de l'époque, dont Kojo Kurihara.

Effectivement, après avoir donné la traduction de *On Heroes* de Carlyle en 1912[49], Kurihara a traduit lui-même les *Representative men* d'Emerson l'année suivante et a publié cette nouvelle version de l'ouvrage chez le même éditeur[50]. Dans la préface, le traducteur japonais compare longuement la pensée de ces deux écrivains qu'on regardait comme « jumeaux dans le monde de la philosophie[51] ». À la fin du volume, il fait suivre la traduction d'un traité de Maurice Maeterlinck, son autre écrivain favori, sur Emerson. C'est sans doute à partir de ce moment-là qu'il a commencé à s'intéresser à Montaigne. En effet, lorsqu'il fait paraître en 1915 une petite anthologie de l'essayiste américain, composée de la traduction de deux essais, il cite, dans sa biographie introductive qui la précède, extraite de l'écrit d'Emerson sur Montaigne, une phrase parlant de l'impression d'intimité avec l'auteur que tout lecteur ressent à la lecture des *Essais*[52]. Et d'ajouter que chaque lecteur sera convaincu que c'est spécialement à lui qu'Emerson a destiné son livre[53]. Cinq ans

45 Trad. par M. Otani, Tokyo, Dainihontosho, 1903, p. 231-295.

46 Trad. par Tokuboku Hirata, Shukotsu Togawa, Tokyo, Kokumin Bunko Kankokai, 1917, 8 vol.

47 Trad. par Shukotsu Togawa, Tokyo, Genosha, 1911-1912.

48 Trad. par Shukotsu Togawa, Tokyo, Jitsugyo no Nihonsha, 1918.

49 Trad. par Kojo Kurihara, Tokyo, Toado, 1912.

50 Trad. par Kojo Kurihara, Tokyo, Toado, 1913.

51 Kojo Kurihara, « *Jobun* [Préface] », *ibid.*, p. 6.

52 *Id.*, *Emerson*, Tokyo, Akagi Sosho, 1915, p. 15. Voir R. W. Emerson, « *Montaigne; or, the Skeptic* », *Representative Men. Seven Lectures*, Boston, Phillips, Sampson and Company, 1850, p. 119 : « *It seemed to me as if I had myself written the book* [*Les Essais*], *in some former life, so sincerely it spoke to my thought and experience.* »

53 Kojo Kurihara, *Emerson*, *op. cit.*, p. 15-16.

plus tard, Kurihara publie un recueil de ses propres « *ronbun* » [articles] avec quelques traductions d'Emerson et de Maeterlinck[54]. Cette fois-ci, dans la préface, il cite une phrase, quelque peu arrangée, de l'avis « Au lecteur », dans laquelle Montaigne dit qu'il a tenté de se peindre en sa « façon simple, naturelle et ordinaire, sans contention et artifice[55] ». Enfin, tout au début de la notice qui précède la traduction des *Essais* de 1927[56], Kurihara, après avoir rappelé que Shakespeare et Byron étaient des lecteurs de l'ouvrage, reprend la même citation de l'essai d'Emerson sur Montaigne que celle qu'il a faite dans l'introduction à son anthologie d'Emerson de 1915, afin de souligner encore une fois l'importance littéraire des *Essais*. On peut donc en conclure que Kurihara est amené à les traduire sous l'impulsion du « Maître Emerson qui a nourri [s]a pensée et [lui] a montré où [s']établir[57] ».

Or, rappelons-le, dans la préface à cette traduction, Kurihara refuse de façon explicite de rendre le titre des *Essais* par le terme de *ronbun* ou par celui de *ronsetsu* (qui veulent dire article, traité ou dissertation). Cependant, dans son anthologie d'Emerson de 1915, il appelait en japonais, non pas « *zuihitsu* », mais « *ronbun* », les *Essais* de Montaigne qu'il citait dans la préface[58]. Cette synonymie entre les deux termes japonais de *ronbun* et de *ronsetsu* se retrouve également dans la traduction que donne Goro Takahashi des *Essays* de Bacon en 1908 puisqu'il la nomme *Recueil de* ronsetsu[59], ou dans celle, que nous avons déjà évoquée, des *Essays* d'Emerson, faite par Shukotsu Togawa qui utilise de la même expression. Selon ce dernier, on recommandait auparavant de rendre le mot *essay* par *ronbun*, mais à peu près avec Kuriyagawa, on a commencé à le traduire plutôt par *zuihitsu*[60]. S'il en est ainsi, le choix du mot de *zuihitsu* par Kurihara pour le titre de sa traduction des *Essais* reflète

54 *Id.*, *Sento oyobi Hin no Subai* [Culte des combats et de la pauvreté], Tokyo, Yoshodo, 1920.

55 *Ibid.*, « *Shogen* [Avant-propos] », p. 1. Nous avons cité le texte des *Essais* d'après l'édition Villey-Saulnier (p. 3).

56 Kurihara Kojo, « *Reigen* », dans Montaigne, *Zuihitsushu*, trad. citée, p. 1.

57 Kojo Kurihara, « *Shogen* », *Sento oyobi Hin no Subai*, *op. cit.*, p. 3.

58 *Ibid.*, p. 1 et 2.

59 Trad. par Goro Takahashi, Tokyo, Genosha, 1908. Voir aussi la note qu'il donne à propos de Montaigne, *ibid.*, p. 7, n° 7 : « Montaigne (1533-1592) est un philosophe sceptique français, et son recueil de *ronsetsu* (*Essais*) est très célèbre. »

60 Shukotsu Togawa, « *Essei ni tsuite* [À propos de l'essai] », les 5 et 6 juin 1927, *Kokumin Shinbun*, cité par Sohu Taketomo, *Essei to Esseisuto* [Essai et essayistes], éd. revue et augmentée, Kyoto, Takagiri Shoin, 1947, p. 19.

une nouvelle tendance chez les anglicistes des années 1920, qui ont pris conscience de la proximité apparente des genres du *zuihitsu* et de l'essai, proximité refusée pourtant obstinément par Taketomo.

Désormais, la distinction entre essai et *zuihitsu* pose une question épineuse à la langue japonaise. Ainsi, Kurihara et Takahashi sont devenus les seuls traducteurs des *Essais* à leur avoir donné le nom de *zuihitsu*. En 1928, un an après la publication de la traduction des *Essais*, Kurihara donne un article sur « l'essai de Montaigne » au journal *Kokumin* [le Peuple][61], en réponse à Togawa qui y avait fait la recension de l'ouvrage de Taketomo l'année précédente. Il avoue qu'il a hésité à rendre le titre des *Essais* par *Recueil de* ronbun ou *Recueil de* zuihitsu. En accord avec Taketomo, il admet que l'ouvrage de Montaigne n'appartient ni au genre du *ronbun*, ni à celui du *zuihitsu*, mais qu'il correspond au genre même de l'essai. Puis, en passant en revue Lamb, Emerson et Maeterlinck, il s'étonne de la diversité de ce genre, avant d'en venir à l'originalité et à la liberté d'esprit remarquables de Montaigne. Il en conclut que l'essai constitue « la forme littéraire unique où la nature humaine parle directement sa propre langue[62] ». À la fin, il souhaite savoir quelle impression on peut avoir à la lecture en français des *Essais*.

Pour finir, nous verrons comment a été reçue cette traduction de Montaigne faite par Kurihara et Takahashi en 1927. Il est certes difficile de mesurer quel impact elle a pu avoir sur le grand public, mais il est possible de se concentrer sur les anglicistes : Tokuboku Hirata se réfère à cette traduction en 1929 dans la préface au second tome de sa traduction intégrale des *Essays of Elia*, dans la même collection de la même maison d'édition[63]. Il fait l'éloge des deux traducteurs qui ont réussi à « refondre dans un style maîtrisé l'écriture complexe de la littérature française ancienne[64] ». Quatre ans plus tard, Hirata fait une contribution, avec entre autres Kojo Kurihara, Sohu Taketomo et Shukotsu Togawa, dans une revue de vulgarisation consacrée à la littérature mondiale et diffusée sur abonnement sous forme de brochure[65]. Chargé d'écrire sur l'essai, Hirata

61 Kojo Kurihara, « *Montenu no Essei ni tsuite* [À propos de l'essai de Montaigne] », les 18 et 19 juin 1928, *Kokumin Shinbun*.

62 *Ibid.*, le 19 juin 1928, p. 5.

63 Trad. par Tokuboku Hirata, t. 2, Tokyo, Kokumin Bunko Kankokai, 1929.

64 *Ibid.*, « *Kanto ni* [En tête du volume] », p. 7 (c'est nous qui traduisons).

65 Tokuboku Hirata, « *Essei* [Essai] », *Iwanami Koza Sekai Bungaku*, Tokyo, Iwanami Shoten, 1933.

choisit de retracer l'histoire du genre en commençant par Montaigne, et nomme, avec sa récente traduction de Charles Lamb et l'ouvrage de Taketomo sur l'essai et les essayistes, la version japonaise des *Essais* de 1927-1928 dans la bibliographie qu'il ajoute à la fin du texte. Cela dit, les titres en japonais de plusieurs chapitres des *Essais* qu'il cite ne sont pas identiques à ceux qui ont été donnés par Kurihara et Takahashi. Hirata semble lire Montaigne dans les traductions anglaises de Florio et de Cotton.

En fait, la réception de la traduction des *Essais* de 1927 semble assez limitée. En 1934, la revue de *zuihitsu*, *Buntai* [Style], fête son premier anniversaire en consacrant un numéro spécial à Montaigne. Sont réunis quinze contributeurs dont la plupart sont des spécialistes de littérature ou de philosophie françaises, y compris Hideo Sekine. On y retrouve encore les deux anglicistes, Tokuboku Hirata et Shukotsu Togawa. Toutefois, personne ne parle de la traduction des *Essais* faite par Kurihara et Takahashi. Dans sa contribution, Hirata commence par évoquer Walton et Emerson, et parle plus loin de la traduction anglaise des *Essais* de Florio qu'il dit préférer à celle de Cotton et à d'autres plus récentes, sans jamais mentionner le travail de son ancien élève. De plus, il finit par avouer qu'il ne peut s'empêcher d'estimer Charles Lamb plus que Montaigne[66]. Quant à Togawa[67], il semble avoir sous les yeux la traduction de Kurihara, puisqu'il dit au début presque la même chose que ce qu'a écrit ce dernier au sujet des lecteurs célèbres des *Essais* dans la préface. Toutefois, dans le corps du texte, Togawa s'entête à faire des citations en français des *Essais*, souvent fautives, comme si, écrivant parmi des chercheurs en littérature française, il avait honte de les lire dans la traduction japonaise.

En réalité, fruit d'une évolution de l'enseignement sur plus d'une génération, une spécialisation en littérature française se dessinait enfin dans l'université japonaise. Ce qui nous semble significatif sous cet angle dans le numéro du *Buntai*, c'est la participation de Seiichi Naruse, disciple fidèle de Soseki et ami proche d'Akutagawa depuis le Premier Lycée. Sorti lui aussi du département de Littérature anglaise de l'Université impériale de Tokyo, Naruse s'est converti, pendant son long séjour à Paris,

66 *Id.*, « *San Misheru Shoninki ni* [À l'occasion de l'anniversaire de décès du révérend saint Michel] », *Buntai*, vol. 2, nº 7, p. 11-15.

67 Shukotsu Togawa, « *Daihonzan Monteenu* [Montaigne, le temple principal] », *ibid.*, p. 52-58, repris dans *id.*, *Jigazo* [Autoportrait], p. 106-114.

en spécialiste de littérature française[68]. Sa contribution à la revue *Buntai* s'intitule justement en japonais « Le *zuihitsu* de Montaigne[69] ». L'année suivante, il donnera à l'Université de Paris une conférence en français sur un sujet proche, « Montaigne et la sagesse extrême-orientale[70] ». Au début, il affirme que « la célèbre traduction de John Florio, parue en 1603, trouve des lecteurs au Japon[71] ». Toutefois, dans la suite, sautant au-dessus de toutes les discussions des anglicistes japonais, il dit tout simplement que le genre du *zuihitsu* correspond à ceux, en France, de l'essai et des mémoires, et va jusqu'à comparer la pensée de Montaigne à l'esprit bouddhique de retraite. Or, la même année, Sekine publie la première traduction directe et complète des *Essais*. On passe alors à une nouvelle phase, que nous connaissons mieux, de la réception de Montaigne au Japon.

Nous avons retracé l'histoire de l'introduction des *Essais* au Japon jusqu'à leur première traduction partielle et indirecte en japonais. Dans le climat de l'occidentalisation du pays, la promotion de l'étude de l'anglais a permis aux chercheurs et intellectuels japonais de découvrir Montaigne, d'abord comme pédagogue, puis comme fondateur du genre de l'essai anglais. Les anglicistes le considéraient surtout comme un précurseur de Charles Lamb et de Ralph Waldo Emerson. En même temps, ils se voyaient confrontés à la question de la distinction entre l'essai et le *zuihitsu*, au moment où la première traduction indirecte des *Essais* était préparée par deux de leurs collègues. Bien que vite oubliés avec la montée de la spécialisation universitaire, leurs travaux et réflexions marquent bien une étape préliminaire dans la réception des *Essais* au Japon.

Koji TAKENAKA
Université Keio

---

68 Sur Seiichi Naruse, voir Sekiguchi Yasuyoshi, *Hyoden Narusei Seiichi* [Biographie de Seiichi Naruse], Tokyo, Nihon Editor School, 1994.

69 Seiichi Naruse, « *Montenyu no zuihitsu* », *Buntai*, vol. 2, n° 7, p. 43-52.

70 *Id.*, « Montaigne et la Sagesse Extrême-Orientale. Conférence donnée à la Faculté des Lettres, de l'Université de Paris, le 22 mai 1935 », *Kyushu Teikoku Daigaku Hobungakubu Jusshunen Kinen Tetsugaku Shigaku Bungaku Ronbunshu*, Tokyo, Iwanami Shoten, 1937, p. 1-13.

71 *Ibid.*, p. 2.

LES *ESSAIS* DE MONTAIGNE DANS L'HISTOIRE DES TRADUCTIONS FRANÇAISES EN CORÉE DU SUD

La première traduction en coréen des *Essais* de Montaigne ne paraît qu'en 1962. Pourtant, malgré cette date tardive, une cinquantaine de publications de l'ouvrage de l'écrivain français peuvent être recensées en Corée du Sud jusqu'à aujourd'hui, auxquelles trente-sept traducteurs ont contribué. Ces chiffres suggèrent une évolution notable de la réception de Montaigne dans la culture sud-coréenne en soixante ans. Mais qu'en est-il vraiment ? Pour le comprendre, il faudra d'abord plonger dans la période extraordinairement perturbée qui va de l'ouverture tardive du pays dans les années 1880 à la fin de la guerre de Corée en 1953, en passant par la colonisation japonaise, afin de décrire les conditions culturelles complexes de l'émergence des premières traductions et notamment de la première traduction intégrale de 1965. Nous mesurerons ensuite le poids de cette dernière dans les conditions très particulières du monde de l'édition en Corée du Sud, qui ignore les droits d'auteur jusqu'à très tard dans le XXe siècle et dont l'expansion a eu tendance à transformer les produits culturels en produits commerciaux. Nous conclurons enfin sur la seconde traduction intégrale parue en 2022, sur ce qu'elle montre de l'évolution des études françaises en Corée du Sud et sur les perspectives qu'elle nous donne sur l'avenir.

PRÉLUDE
L'époque de l'Empire de Corée (1897-1910) et de la colonisation japonaise (1910-1945)

L'histoire de la traduction en coréen des œuvres littéraires occidentales s'inscrit inévitablement dans les situations historiques successives qu'a connues la péninsule dans ses contacts avec l'Occident. Malgré l'intérêt de quelques rares intellectuels locaux pour certains aspects de la culture et de la science européennes, connus notamment à travers la présence des Jésuites à la cour de Chine, l'ouverture officielle des portes commerciales aux états occidentaux, suivie de l'établissement de relations diplomatiques et culturelles, n'a lieu qu'à la fin de la dynastie *Joseon* (1392-1897) et sous la pression violente de ces derniers. Les États-Unis sont les premiers concernés en 1882. La France n'arrive qu'en second, en 1886, alors que certains missionnaires catholiques, dont saint Pierre Maubant (1803-1839), prêtre français des Missions étrangères de Paris, étaient déjà présents dans le pays depuis deux générations. Les premières traductions en coréen d'œuvres littéraires occidentales ne paraissent donc que bien après ces dates et la proclamation de l'Empire de Corée (*Daehan jeguk*), premier état moderne de la péninsule, qui a duré du 12 octobre 1897 jusqu'à l'annexion officielle du pays par le Japon le 29 août 1910.

Pendant cette période, trois traductions d'œuvres françaises sont signalées. Les deux premières sont des œuvres de Jules Verne : *Vingt mille lieues sous les mers* (1869), la première œuvre française présentée en Corée, partiellement traduite entre 1907 et 1908 par Yong-Hee Park dans la revue *Taegeuk Hakbo* ; et *Les Cinq cents millions de la Bégum* (1879), traduit en 1908 par Hae-Jo Lee, dont le nom est absent de la publication. La troisième est le célèbre roman de Victor Hugo, *Les Misérables*, traduit par Nam-Seon Choi en 1910 dans la revue *Sonyeon*. Cependant ces trois premiers travaux n'étaient que des traductions partielles qui n'avaient pas été faites d'après les textes originaux en français mais d'après les traductions japonaises de versions anglaises, inaugurant une tendance qui se prolonge malheureusement par la suite. En effet, selon Byung-Chul Kim, qui a consacré presque toute sa vie à l'étude des traductions des œuvres littéraires en langues occidentales, sur les 95 traductions en coréen d'œuvres littéraires occidentales parues entre 1895 et 1910, 54, c'est-à-dire un peu plus de la moitié, se basent sur des traductions en japonais et 24, c'est-à-dire environ un quart, sur des traductions en chinois, ce qui au total représente un peu plus de trois-quarts des traductions de ces seize années. La plupart du temps, les intellectuels coréens de cette période lisaient les ouvrages occidentaux en japonais et, dans une moindre mesure, en chinois, car ils étudiaient le plus souvent au Japon où l'accès aux œuvres occidentales leur était facile mais indirect[1]. Il ne faut donc pas attendre de ces traductions de traductions une grande fidélité par rapport au texte original.

La colonisation, qui suit l'annexion et se prolonge jusqu'en 1945, renforce l'emprise des institutions japonaises et les Coréens privilégiés sont encore plus nombreux à étudier dans les universités de l'archipel mais cela crée une situation paradoxale car ils sont aussi plus nombreux à étudier la langue et la culture françaises et à avoir un accès plus direct aux textes originaux.

Les travaux de Byung-Chul Kim nous aident à établir le contexte des traductions des *Essais*. S'il a mené une vaste étude sur la réception des œuvres occidentales en Corée jusqu'en 1987, c'est surtout son inventaire minutieux des œuvres littéraires occidentales traduites en coréen de 1895 à 1950, année du déclenchement de la guerre de Corée cinq ans à peine après l'indépendance, qui permet de comprendre la façon et les circonstances selon lesquelles la littérature française a été introduite auprès du public cultivé coréen non francophone avant la traduction de 1962, et cela bien qu'il ait limité son champ de travail à la traduction.

Comme ses écrits envisagent les publications selon la chronologie, découpée en décennies, et le pays d'origine, en se concentrant sur cinq pays (l'Angleterre, les États-Unis, la France, l'Allemagne et la Russie), il est aisé d'en tirer quelques enseignements sur la traduction en coréen des œuvres littéraires françaises de cette période de 1895-1950.

Le premier enseignement concerne le nombre de traductions des œuvres françaises. Les années 1920 assistent en effet à une augmentation

1 Byung-Chul Kim, *Histoire de la traduction des œuvres littéraires en Corée des temps modernes (1895-1950)*, Séoul, Eulyoo Munhwasa, 1998 (1975), p. 225-228 et 272-275. Les études présentées dans cet article sont rédigées en coréen mais, pour la compréhension des lecteurs francophones, je donne les titres des références en français.

remarquable de celles-ci, totalisant 96 publications qui englobent 45 romans et 44 poèmes. Il est possible d'y voir une conséquence de l'assouplissement de la politique coloniale japonaise en réponse aux grandes manifestations du 1er mars 1919, qui avaient révélé l'ampleur de l'écho que rencontraient les mouvements de résistance dans tout le pays. Ce nombre croit légèrement encore dans les années 1930, avec 119 traductions, mais connaît une chute assez brutale dans la décennie suivante avec seulement 15 traductions (toutes des romans) entre 1940 et 1945 et 47 traductions entre 1946 et 1950[2].

Le deuxième enseignement concerne les supports de publication. La plupart des traductions paraissent dans certains des 175 journaux et magazines fondés au début des années 1920[3]. Les traductions partielles permises par ces supports étaient avantageuses pour les éditeurs et pour les traducteurs car ils pouvaient s'adapter plus efficacement à la réponse des lecteurs sans avoir à investir dans des traductions intégrales plus coûteuses en temps et financièrement plus risquées. Par contraste avec cette remarquable floraison de publications périodiques, le marché d'édition de livres demeure incroyablement restreint. La première traduction publiée sous forme de livre, le roman *Une vie* de Maupassant, intégralement traduit par Gi-Jin Kim, ne paraît qu'en 1926 chez *Bakmun Seokwan*[4] et demeure un cas unique jusqu'en 1950 !

Le dernier enseignement qu'apporte Byung-Chul Kim concerne le désir qu'avaient les intellectuels coréens qui ont séjourné et étudié au Japon pendant cette période de connaître cet Occident dont on savait si peu de chose dans leur pays. Paradoxalement, le pays colonisateur est donc devenu pour eux un médiateur leur permettant d'introduire dans leur pays la littérature occidentale des temps modernes mais aussi et en même temps d'établir un nouveau statut pour la littérature coréenne[5]. Cette prise de conscience les guide naturellement dans le choix des œuvres à traduire, qui privilégie les romans scientifiques, historiques ou sociaux des XIXe et XXe siècles comme outils de travail pour une réflexion sur le devenir de leur propre culture. La première réception

2 B.-C. Kim, *Histoire…*, p. 435-440, p. 730-736, p. 805-806 et p. 841-846.

3 B.-C. Kim, *Histoire…*, p. 824.

4 Les nouvelles de Maupassant figurent elles aussi parmi les œuvres fréquemment traduites. Byung-Chul Kim explique cette préférence par la popularité d'alors de l'écrivain au Japon (B.-C. Kim, *Histoire…*, p. 437).

5 B.-C. Kim, *Histoire…*, p. 415.

de la littérature française en Corée reflète donc le double désir d'une élite d'avoir une connaissance plus globale du monde contemporain et de restaurer la souveraineté du pays sur de nouvelles bases.

Ces intellectuels ont ainsi fondé en 1926 à Tokyo une association de recherche sur la littérature occidentale et ont commencé à publier dès l'année suivante, à Séoul, la revue *Haeoe Munhak* qui signifie littéralement « la littérature étrangère[6] ». Née de simples réunions amicales de jeunes chercheurs coréens résidant au Japon, parmi lesquels figuraient Heon-Gu Lee et Jin-Seob Kim dont il sera question plus loin, cette association littéraire a beaucoup contribué à présenter au lectorat coréen la littérature occidentale par ses traductions et à lui offrir une précieuse occasion de revaloriser sa propre littérature. Dans cette perspective, la finalité de la recherche sur la littérature occidentale de ce groupe n'est pas loin de celle qu'avaient jadis les poètes de la Pléiade, comme peut le montrer la préface du premier numéro de la revue *Haeoe Munhak* :

> Nous menons des recherches sur la littérature étrangère mais cela n'est en aucun cas notre seul objectif. Notre premier objectif est de construire notre propre littérature, et le deuxième, d'élargir sa portée jusqu'à la littérature du monde [...]. En suivant les grands auteurs du monde et leurs œuvres, nous parviendrons à donner à notre littérature de la grandeur et du prestige[7].

De même, dans un article du journal *Dong-a Ilbo* publié le 3 janvier 1935, Heon-Gu Lee, un des premiers chercheurs coréens spécialisés en littérature française, entreprend de présenter la littérature de la Renaissance en France[8]. Il y voit en effet la naissance d'une littérature nationale française d'un statut élevé et d'un niveau remarquable et est persuadé qu'elle peut servir de modèle pour surmonter les difficultés de l'époque puis renouveler et renforcer l'identité nationale de la littérature coréenne. Cela l'amène à écrire un article sur Montaigne, publié

6 Cette littérature étrangère n'embrasse cependant que les littératures anglaise, française, allemande, russe et américaine.

7 Les propos viennent de la préface de la *Revue Haeoe Munhak*, n° 1, 1927, p. 1. Le premier numéro de la revue est composé en quatre parties : critique littéraire, roman, poésie et théâtre. Les critiques littéraires ont été rédigées par les chercheurs coréens. Parmi les traductions en coréen des œuvres étrangères, on trouve trois nouvelles d'Anatole France (*Crainquebille*, *Balthasar* et *Gestas*) et une de Villiers de l'Isle-Adam (*Virginie et Paul*), ainsi que des poèmes de Paul Verlaine, Alfred de Musset, Albert Samain et Paul Géraldy.

8 Heon-Gu Lee, « Recherche d'exemples de littérature nationale pendant la période de construction », *Dong-a Ilbo*, le 3 janvier 1935.

deux mois après dans le même journal, qui est le premier texte présentant cet auteur aux lecteurs de Corée, bien qu'il en parle en réalité très brièvement. À ses yeux, Montaigne, grand lecteur des Anciens, est surtout un esprit libre qui parvient à révéler la condition humaine en s'examinant lui-même[9].

Depuis cet article, Montaigne ne cesse d'être présent dans les journaux, où il est souvent mentionné pour rappeler l'origine du mot anglais « essay », qui vient de ses *Essais*. La définition de l'essai en tant que genre littéraire est d'ailleurs objet de réflexion dans l'entretien publié dans le journal *Joseon Ilbo* le 1er janvier 1938 entre le même Heon-Gu Lee et Jin-Seob Kim, chercheur en littérature allemande, entretien au cours duquel les deux interlocuteurs s'accordent à différencier l'essai, basé sur un développement logique et critique, du genre coréen appelé *supil*, alors que les deux termes sont alors souvent considérés comme synonymes[10]. Ce genre, jusqu'alors considéré comme mineur, attire en effet l'attention des jeunes chercheurs de l'association fondée en 1926 car, ayant pris conscience de son potentiel littéraire, ils essaient d'en élargir le champ en y intégrant des réflexions plus profondes et un esprit critique sur la société et la littérature modernes.

Le terme *supil* apparaît pour la première fois dans le titre d'un chapitre du *Journal du voyage à Yeolha* de Ji-Won Park (1737-1805)[11], qui y décrit le voyage de la délégation que le roi Jeongjo (1752-1800, r. 1776-1800) a envoyée en Chine en 1780, en présentant non seulement les sites célèbres par où les envoyés sont passés mais également les sciences chinoises (astrologie, médecine, religion, musique, etc.) et les débats avec les intellectuels chinois. Depuis, le terme *supil* est employé pour désigner des textes où l'auteur décrit sans aucune contrainte littéraire les émotions et les impressions subjectives éprouvées dans la vie quotidienne.

---

9 H.-G. Lee, « Recherche d'exemples de littérature nationale pendant la période de construction : France - Montaigne », *Dong-a Ilbo*, le 14 mars 1935.

10 Heon-Gu Lee et Jin-Seob Kim, « À propos de *supil* », *Joseon Ilbo*, le 1er janvier 1938. Jin-Seob Kim est considéré comme le précurseur du *supil* moderne, en intégrant depuis 1929 le genre *supil* dans les débats littéraires et en écrivant lui-même plusieurs *supils*.

11 Le titre du chapitre *Ilsin supil* signifie littéralement que les pensées en ont été rédigées dans le laps de temps d'une course de cheval. L'auteur y rapporte le voyage de Beizhen à Shanhaiguan du 15 au 23 juillet 1780, le long de la baie de Liaodong, à l'ouest du golfe de Corée. *Yeolha* est l'ancien nom de la ville chinoise de Chengde, un peu plus à l'ouest.

Or, l'entretien de Heon-Gu Lee et Jin-Seob Kim autour de la définition du genre *supil* a lieu peu après la publication en 1936 de la traduction intégrale des *Essais* en japonais, éditée en trois volumes par Hideo Sekine. Il semble peu probable que les deux chercheurs coréens n'en aient pas eu connaissance, alors que l'écrivain Hyo-Seok Lee, autre Coréen ayant étudié dans une université japonaise, l'Université Keijo, signale explicitement (mais certes en 1939) qu'il a lu l'ouvrage et qu'il apprécie la concision de l'écriture et la richesse de la pensée de Montaigne, allant jusqu'à considérer les *Essais* comme la meilleure œuvre du genre *supil*[12]. Bien que le public coréen n'ait pas encore la traduction en coréen des *Essais* à sa disposition, Montaigne et son œuvre sont donc souvent évoqués au sujet du genre littéraire *supil*[13].

LES DEUX PREMIÈRES TRADUCTIONS EN CORÉEN DES *ESSAIS* EN 1962 ET LA TRADUCTION INTÉGRALE DE 1965

Wou-Sung Son, le premier traducteur des *Essais* en coréen, figure lui aussi parmi les membres fondateurs de l'association de 1926, contribuant au premier numéro de la revue *Haeoe Munhak* avec des traductions de *Crainquebille* d'Anatole France et de deux poèmes d'Albert Samain, alors qu'il poursuit des études de littérature française à l'Université Hosei, initiées en 1922 et conclues en 1928. De retour en Corée où il devient professeur de littérature française, il continue de publier des articles sur la littérature française[14].

12 Hyo-Seok Lee, « Les *Essais* de Montaigne en trois volumes », *Joseon Ilbo*, le 9 septembre 1939. Il écrit ainsi : « Un jugement lucide est présent dans chaque phrase et le poids de la culture de l'auteur me capte ».

13 On peut citer ces deux articles, publiés avant la première traduction des *Essais*, qui abordent la question du statut du genre *supil* : Hwa Im, « Traité sur le genre *supil* », *Dong-a Ilbo*, le 19 juin, 1938 ; Ki-Seok Yang, « Idéologie de l'essai », *Joseon Ilbo*, le 13 août 1957.

14 Les premiers articles scientifiques de Son abordent la littérature du XXe siècle, en particulier les sujets de l'existentialisme et de l'engagement des intellectuels. Voici quelques études de Son avant la publication de la traduction des *Essais* : « Le surréalisme », *Revue de l'Université nationale de Séoul*, 1954, p. 91-101 ; « L'idée de la révolte chez Camus », *Revue de l'Université Sungkyunkwan*, III, n° 1, 1958, p. 1-27 ; « La réforme linguistique de la Renaissance », *Revue de la société des études de la langue coréenne*, n° 22, 1960, p. 45.

La traduction des *Essais* est annoncée dans les journaux dès 1958[15] à une époque où il est membre du comité de la Société de la culture franco-coréenne et où il enseigne à l'Université Sungkyunkwan, qu'il a intégrée depuis 1947. Cependant, on ne peut trouver aucune trace de cette publication, qui semble avoir été attendue par une partie du lectorat[16].

La parution officielle de la première traduction des *Essais* qui existe est donc celle qui voit le jour très précisément le 10 mai 1962. Le texte de Montaigne est présenté au public coréen pour la première fois dans sa propre langue dans la collection « Culture générale pour la jeune génération » de la maison d'édition *Munhaksa* où la traduction de Son intègre le premier numéro qui réunit trois auteurs français : Montaigne, Rousseau et Pascal, par ordre de présentation[17].

Cependant, comme le laisse pressentir cette réunion, cette première traduction de Montaigne n'englobe pas l'intégralité du texte mais se contente de donner une traduction d'extraits des *Essais*, sans même traduire entièrement les chapitres contenant ces extraits. Ceux-ci sont réunis suivant des thèmes que le traducteur a lui-même déterminés : la condition humaine, la gloire et la renommée, la présomption, le désir, la cruauté, l'apologie de Raimond Sebond, la lecture, la librairie, la conversation, le mariage et l'amour, la maladie, la politique, le voyage, la mort, etc. Le traducteur suit la manière qu'a Montaigne d'intituler et de composer les chapitres, sans les numéroter, mais son intervention est dominante dans la composition et dans le choix des textes, de sorte que les titres dans la traduction ne sont pas identiques à ceux du texte original. Le premier titre, « De la condition humaine », l'illustre parfaitement, le traducteur y présentant seulement le début du chapitre « Du repentir » (III, 2) des *Essais*.

---

15 Il s'agit de l'annonce du journal *Kyunghyang Shinmun* publiée à la date du 23 mai 1958. Quatre mois après, on trouve une autre annonce d'une traduction des *Essais* qui fait partie d'une collection de la littérature française avec celles de Racine, Molière, Balzac, Zola, Gide et Mauriac aux éditions *Sintaeyangsa*.

16 *Cf.* « Enquête pour la lecture auprès de Keun-Jae Sin », *Kyunghyang Shinmun*, le 15 septembre 1955. L'article présente les propos d'un professeur de droit, Keun-Jae Sin, qui souligne combien il aimerait trouver une traduction des *Essais* de Montaigne travaillée directement à partir du texte original, et non à partir d'une traduction d'une autre langue.

17 Ce volume contient la traduction des *Essais* de Montaigne par Wou-Sung Son, celle des *Rêveries du promeneur solitaire* de Rousseau par Gon Bang et celle des *Pensées* de Pascal par Dong-Hun Ha. La traduction comprend un commentaire de chaque traducteur, présentant la vie et l'œuvre de chacun des auteurs traduits.

Une seconde traduction est publiée chez *Huimun* en cette même année 1962 par Maeng-Ho Park, formé en littérature française à l'université mais travaillant alors dans une maison d'édition. Il s'agit également d'une traduction partielle mais avec plus d'interventions encore que celle de son prédécesseur. À la fin de son bref commentaire final, le traducteur nous informe clairement que son travail doit beaucoup non seulement à la traduction de Sekine en japonais, fondamentale au niveau du contenu selon son propre aveu, mais aussi à l'édition des *Essais* « lus par Paul Galleret » (publiée en 1957 aux éditions de La Bibliothèque mondiale). Pourtant la contribution de Galleret se limite à l'organisation des chapitres, Park semblant s'inspirer de la manière dont Galleret les intitule. Le onzième chapitre de l'anthologie de celui-ci, par exemple, a pour titre « Où Montaigne, malade, nous donne divers conseils de santé » et le douzième, « Pourquoi Montaigne ne croit guère en la médecine », à comparer respectivement avec les intitulés que le traducteur coréen donne à son troisième et à son quatrième chapitres : « Comment Montaigne considère-t-il tous les malheurs de l'homme comme la pauvreté, la maladie ou la mort, et quels conseils nous donne-t-il ? » et « Que dit Montaigne sur la médecine et les médecins de son époque et comment il supporte son calcul rénal[18] ». Cependant, la traduction présente chaque extrait du texte de Montaigne avec les références complètes au livre et au chapitre respectifs des *Essais*, que Galleret ne mentionne pas.

Trois ans après ces deux traductions partielles qui peuvent être considérées comme des anthologies ou de simples recueils de passages des *Essais*, suffisants cependant pour donner le goût littéraire de l'ouvrage de Montaigne au public coréen, on assiste enfin à la publication de la première traduction intégrale, donnée par Wou-Sung Son, chez *Eulyoo Munhwasa*. Dans une interview parue dans le journal *Kyunghyang*, le traducteur ne cache pas sa joie d'avoir mis fin à un travail qui n'a pas toujours été facile et qui lui a pris six ans[19].

La traduction se présente en trois volumes contenant chacun un des trois livres des *Essais*. Le premier volume commence par deux illustrations

18 L'anthologie de Galleret est composée de vingt-cinq chapitres alors que la traduction de Park en contient onze.

19 « La traduction des *Essais* de Montaigne par Wou-Sung Son », *Kyunghyang Shinmun*, le 22 septembre 1965.

d'un portrait de Montaigne et d'une page de l'*Éphéméride de Beuther* à la date du 10 juillet où Montaigne parle de son bref emprisonnement à la Bastille en 1588. S'en suit un commentaire de Wou-Sung Son, beaucoup plus développé que celui de la première traduction de 1962 et intitulé « Étude sur Montaigne ». Le traducteur introduit son lectorat coréen à la vie et à la personnalité de l'auteur, ainsi qu'au contexte intellectuel de l'époque, présentant à la fois les idées que Montaigne a tirées de ses lectures philosophiques, en particulier, du stoïcisme et du scepticisme, et celles qu'il a lui-même développées à partir de ses propres expériences. Ce commentaire complexe est donc d'une aide remarquable, avant ou après la lecture, pour la compréhension de l'œuvre de l'écrivain français par un public peu familier avec la littérature du XVIe siècle européen. Le traducteur précise à la fin du commentaire qu'il n'a fait que compléter l'étude sur Montaigne de Gustave Lanson[20] mais la présence de toutes ces informations de contextualisation répond amplement à une attente des lecteurs, pressante au point d'avoir été exprimée publiquement[21].

Il est important de dire quelques mots sur l'éditeur. La maison d'édition *Eulyoo Munhwasa* est fondée le 1er décembre 1945, l'année où la Corée retrouve son indépendance à la suite de la défaite du Japon à la fin de la Seconde Guerre mondiale. Cette date est inscrite dans son propre nom puisque *Eulyoo* désigne l'année 1945 dans le calendrier sexagésimal chinois. Les éditions *Eulyoo* cherchent alors à combler la faille provoquée par l'occupation japonaise, notamment dans l'usage de la langue coréenne. Il faut en effet rappeler la « nipponisation forcée » qu'avaient dû subir les Coréens notamment dans les années 1930 et qui, au niveau de la langue, s'était traduite par la suppression de tous les quotidiens en langue coréenne à l'exception de l'organe de presse des autorités coloniales, l'obligation faite aux employés et fonctionnaires coréens en 1937 d'utiliser le japonais comme langue de communication, le bannissement à partir de mars 1938 de l'usage du coréen dans les écoles,

20 Gustave Lanson, *Les Essais de Montaigne. Étude et analyse par Gustave Lanson*, Éditions Mélottée, 1930. Pour le commentaire du traducteur Son, voir sa traduction, *Sousangrok*, Eulyoo Munhwasa, 1965, I, p. 1-70.

21 Quelques années auparavant, Hui-Young Lee, professeur de littérature française, avait souligné la nécessité de la traduction d'œuvres françaises accompagnées d'un commentaire sérieux fait par un spécialiste du domaine possédant des connaissances approfondies sur l'œuvre et sur son auteur afin d'expliquer de manière simple la littérature française moderne. (Hui-Young Lee, « La réception de la littérature étrangère : la publication de la traduction accompagnée de commentaires », *Joseon Ilbo*, le 25 juillet 1960.)

l'invitation dès novembre 1939 à substituer les noms de famille coréens par des noms de famille nipponisés[22]. Les éditions *Eulyoo* se donnent alors pour but non seulement de promouvoir la littérature coréenne elle-même mais également d'enrichir la culture du pays en facilitant l'accès à la littérature des pays étrangers par le biais de traductions de qualité dans la langue locale.

La guerre de Corée, qui s'éternise entre 1950 et 1953 et est dévastatrice pour toute la péninsule, retarde malheureusement la mise en place de ce dernier objectif et ce n'est qu'à partir de 1959 que *Eulyoo* commence à publier sa collection « Littérature du monde[23] ». L'éditeur se soumet alors assez rigoureusement à quelques exigences. Chaque traduction est intégrale, sans que le nombre de pages influe sur le choix, et est faite à partir du texte original, non d'après une traduction dans une autre langue. Le choix des œuvres, qui ne se limite pas aux romans et à la poésie mais s'élargit jusqu'aux discours philosophiques, est fait avec soin et sans précipitation[24].

Eulyoo a fait aussi un choix particulier dans la présentation typographique des livres, en maintenant l'écriture verticale traditionnelle alors que l'écriture horizontale était déjà pratiquée chez d'autres éditeurs à l'époque et est devenu la norme depuis. Cela rend déjà la consultation de ces ouvrages peu aisée pour les lecteurs coréanophones d'aujourd'hui mais c'est surtout le recours encore important aux idéogrammes chinois, presque complètement disparu de l'usage actuel, où les textes sont désormais presque uniquement édités en alphabet coréen, qui rend leur lecture âpre voire impossible aux jeunes générations.

Bien qu'elle ne figure pas parmi les soixante œuvres de la première collection de « Littérature du monde » et qu'elle soit publiée à part, sans qu'on en connaisse véritablement les raisons, peut-être justement pour

22 Ces éléments sont rappelés dans Noemi Lanna, « Mémoire contestée : l'héritage de la colonisation de la Corée dans les relations nippo-coréennes » (traduit de l'italien par Auguste Ninive), *Outre-Terre*, II, n° 39, 2014, p. 290-304, mis en ligne sur Cairn.info le 24/09/2014, https://doi.org/10.3917/oute1.039.0290, consulté le 28-10-2023.

23 Parmi les œuvres françaises, ce sont les *Pensées* de Pascal qui ont été publiées en premier, en septembre 1959.

24 En dehors de ces principes, le fondateur de la maison d'édition souligne la particularité du mode de paiement des frais de traduction par page, qui n'était pas du tout la coutume de l'époque, et rappelle l'exigence de l'insertion d'au moins une illustration en couleur d'un tableau célèbre (Jin-Suk Jung, *Autobiographie*, Eulyoo Munhwasa, 2007, p. 242-246 ; *Cinquante ans d'Eulyoo Munhwasa*, Eulyoo Munhwasa, 1995, p. 179-182). Pour le cas des *Essais*, l'illustration d'un tableau a été remplacée par les deux illustrations mentionnées qui concernent la vie de Montaigne.

la mettre en valeur, la traduction des *Essais* de 1965 s'inscrit pleinement dans son esprit et ses exigences, correspondant parfaitement aux intentions de l'éditeur. En particulier, le riche commentaire du traducteur a reçu un bon accueil, tant de la part de l'éditeur que de la part des lecteurs[25].

Or, il serait important de considérer les particularités de cette première traduction des *Essais* en coréen en parallèle avec celles de la traduction en japonais donnée par Hideo Sekine en 1936, presque trente ans plus tôt, en pleine occupation japonaise. Car il est difficile de croire que le traducteur coréen n'a pas lu cette traduction, accessible aux intellectuels coréens qui, comme lui, avaient étudié au Japon, bien qu'il ne mentionne nulle part une telle lecture. Ne pouvant malheureusement pas mener à bien une comparaison précise, faute de maîtriser le japonais, nous nous contenterons ici de quelques remarques sur la forme[26].

En effet, la ressemblance des deux traductions est remarquable au niveau de la présentation éditoriale, accentuée par l'usage commun d'une écriture verticale. La traduction de Sekine propose en première page un portrait de Montaigne conservé dans son château identique à celui choisi par Son, avec une reproduction de la signature de Montaigne juste en dessous qui, elle, a disparu de l'édition coréenne. Sekine offre également un commentaire introductif à ses lecteurs bien qu'il n'y présente que la vie de l'auteur, divisée en huit étapes, et l'histoire de la réception des *Essais* après la mort de Montaigne, sans donner le contexte philosophique et culturel proposé par Son.

Mais le titre attire surtout notre attention. Pour traduire *Essais*, les deux traducteurs utilisent les idéogrammes chinois 隨想錄 qu'on lit *susangrok* en coréen. Les deux premiers caractères, *susang* (où *su* est le même que dans *supil*), signifient littéralement les idées ou les pensée et le troisième, *rok*, l'écrit ou le registre. Le terme dans son intégralité commence à apparaître dans la presse coréenne dans les années 1920 pour désigner des écrits contenant des idées a priori plus sérieuses que

25 *Cinquante...*, p. 237.

26 S'il est vrai que les deux traductions ont des ressemblances non seulement au niveau du vocabulaire mais également au niveau de la syntaxe des phrases, il manque une étude approfondie pour distinguer la part qui pourrait être imputée à un emprunt direct et la part qui revient aux caractéristiques communes aux langues coréenne et japonaise (notamment le recours à un même vocabulaire d'origine chinoise ou basé sur des idéogrammes chinois, une structure grammaticale souvent très proche).

les thèmes abordés dans le genre *supil*. Le terme sert également pour le titre coréen des *Pensées* de Pascal (1931) et, à partir de la publication des *Essais* en japonais, il est souvent employé, chez les Coréens, pour désigner le genre occidental de l'essai, au point de quasiment remplacer le terme s*upil* pour des écrits bien plus tardifs qui appartiennent plutôt à ce genre[27]. Pourtant, Son n'utilise pas *susangrok* dans son commentaire et emploie constamment le mot français « Essais » en transcription phonétique dans l'alphabet coréen. Il est probable qu'il ait conservé le terme inspiré du modèle japonais dans le titre uniquement par précaution afin de ne pas heurter le milieu littéraire de l'époque, où il était déjà profondément ancré. Ce choix conforte l'usage du titre *Susangrok* qui s'impose presque unanimement aux traducteurs postérieurs.

La plus immédiatement apparente différence qui existe entre les deux traductions est dans la mention ou l'absence de mention du texte original des *Essais* dont le traducteur s'est servi pour son travail. Sekine prend soin de signaler précisément ses textes de références : l'édition établie par Pierre Villey et publiée en 1922 chez F. Alcan et celle du Dr A. Armaingaud publiée entre 1924 et 1927 chez L. Conard. La question de l'édition choisie renvoie à un autre aspect : la manière de signaler les variations successives du texte de Montaigne qui correspondent aux différentes éditions des *Essais*. La solution choisie par Villey est bien connue : il indique les trois couches par les lettres A, B et C dans la marge du texte. Celle de Sekine est proche puisqu'il insère ces indications directement dans le texte avec les mêmes lettres A, B et C dans des cercles. En revanche, la traduction coréenne ne contient ni de référence au texte qui a servi de base ni d'indication des variantes des différentes éditions des *Essais*. Il faut attendre la réédition de cette traduction en 1978, dont il sera question plus loin, pour apprendre que l'édition du texte original de Montaigne sur laquelle elle était basée est la même que l'une de celles choisies par Sekine : l'édition parue en trois volumes chez Alcan.

La traduction de 1965 a été publiée sans variation dans le texte mais sous une autre présentation en deux volumes chez un autre éditeur,

27 Par exemple, les traductions en coréen d'essais de grands écrivains comme Tolstoï (1934), Gustave Flaubert (1975), Bertrand Russell (1978) et Jean Grenier (1988) sont parues sous le titre *Susangrok*. Chez les auteurs coréens, ce titre est fréquemment présent surtout dans les années 1970 et 1980 : *Susangrok* de Bubjung (1979), Sang Lee (1980), Mok-Wol Park (1981), Dong-Gil Kim (1984), Ji-Ha Kim (1987), etc.

Dongseo Munhwasa, en 1974, l'année même où le prix de la meilleure traduction littéraire a été attribué à Son[28]. La Corée du Sud n'ayant adhéré à la Convention de Berne qu'en 1996, l'éditeur de la version originale, *Eulyoo*, n'a pas pu être protégé par le droit d'auteur. La traduction partielle de 1962 a d'ailleurs connu le même sort puisqu'elle a été l'objet de rééditions en 1984, chez deux éditeurs distincts (*Hakwon* et *Munye*) mais avec exactement la même présentation et des compositions identiques. Et ce ne sont hélas que deux exemples de la manière dont le marché de l'édition de l'époque se nourrissait sans scrupules de reproductions de travaux antérieurs. Le traducteur a cependant ajouté à cette édition de 1974 plusieurs éléments qui ne manquent pas d'intérêt : une traduction de l'*Essai sur Montaigne* d'André Gide, l'index des noms et des lieux, et la chronologie de la vie de Montaigne.

Ironiquement, c'est cette nouvelle publication par *Dongseo Munhwasa* qui a survécu le plus longtemps dans le marché de l'édition puisqu'elle a été rééditée plusieurs fois, souvent en deux volumes, dans plusieurs collections proposées par l'éditeur, ayant pour thèmes tantôt la littérature du monde, tantôt les grands penseurs[29]. Et c'est elle qui a servi de base à l'éditeur pour présenter en 2005 une nouvelle version répondant aux intérêts des lecteurs de l'époque, en un seul volume de plus grand format, avec le même titre *Susangrok* qu'auparavant mais accompagné, selon les réimpressions (dont la dernière date de 2016), des sous-titres *Montaigne, Que sais-je ?* ou *Montaigne*, Essays *de la vie*, le terme *Essays* étant transcrit phonétiquement de l'anglais en alphabet coréen.

En quarante ans d'existence, la traduction de Son n'avait en effet pas été révisée alors que la lecture n'en était pas toujours facile et que le texte, par moments, restait peu compréhensible. Les difficultés venaient tantôt de l'usage fréquent de mots sino-coréens (comparables et parfois semblables aux mots sino-japonais), c'est-à-dire de mots inspirés du chinois, souvent d'usage plus savant, et traditionnellement transcrits

28 À partir de l'édition de 1974, on peut remarquer, comme dans presque tous les imprimés de l'époque, l'utilisation exclusive de l'alphabet coréen, sans insertions d'idéogrammes chinois classiques et l'adoption de l'écriture horizontale, qui facilite beaucoup la lecture.

29 Quatre éditions au moins ont été publiées dans les années 1970 chez *Dongseo Munhwasa* : celles de 1974 (coll. Littérature du monde, n° 39-40), de 1975 (coll. Littérature du monde-Grandes pensées, n° 40-41), de 1976 (coll. Great Books, n° 40-41) et de 1978 (coll. Grandes pensées du monde, n° 39-40).

par des idéogrammes parfois tombés en désuétude dans l'usage quotidien, tantôt de la complexité de la syntaxe et de la pensée des *Essais*. Il est donc naturel que le traducteur ait pris soin de relire son texte et d'actualiser le vocabulaire et les expressions en les rapprochant de la pratique contemporaine de la langue coréenne, qui a considérablement évolué au cours des années 1960 et 1970. De la sorte, le texte coréen est devenu d'une lecture plus fluide, offrant une accessibilité plus commode à ses lecteurs.

Malgré ces changements plutôt positifs, y compris l'ajout déjà signalé de la référence au texte original dont le traducteur s'est servi, il reste certaines négligences dans la traduction et quelques lacunes qui auraient pu être facilement corrigées. La préface de Montaigne, *Au lecteur*, par exemple, se trouve devant la table des matières et l'introduction du traducteur, et est mal datée du « premier mars 1583 ».

En somme, cette édition confirme la place prise en Corée du Sud par cette traduction intégrale restée unique pendant plus d'un demi-siècle, mais qu'elle cesse d'évoluer pour autant, et témoigne de manière évidente des efforts que Wou-Sung Son lui a consacrés pendant une grande partie de sa vie, faisant de lui un traducteur incontournable des *Essais* depuis la première publication de la traduction partielle de 1962 jusqu'à la parution de la deuxième traduction intégrale des *Essais* en coréen en 2022, par Min-Hwa Shim et Kwon-Hang Choi, dont il sera question plus loin[30].

Il semble dès lors clair que, pour Son, ce travail était plus qu'un simple exercice de traduction. Dans l'esprit de sa génération, il avait affirmé, dans un article journalistique publié en 1955 sur la littérature mondiale contemporaine, qu'il n'y avait plus de distinction entre la littérature et la philosophie et il enjoignait les écrivains coréens à ne pas « se préoccuper de découvrir la beauté de la coquille, mais plutôt de découvrir la vraie valeur de soi et de la réaliser à travers des œuvres qui encouragent la vie de l'humanité[31] ». Et sans doute avait-

30 En effet, c'est en reconnaissance de sa contribution à la promotion de la littérature française en Corée du Sud que la France lui a décerné l'Ordre des arts et des lettres et l'Ordre du mérite, respectivement en 1959 et en 1965.

31 « La littérature actuelle se concentre sur la contemplation et la compréhension de la vie plutôt que sur l'observation et la description. De plus, les discours prennent la forme de confessions, d'essais philosophiques, de traités de morale, de poésies chantées, etc. Dorénavant, il n'existe pas de distinction entre la littérature et la philosophie

il trouvé dans le texte de Montaigne quelque chose qui s'approchait d'un modèle pour la réalisation de cet idéal, et qu'il tenait à partager avec ses compatriotes.

LES AUTRES TRADUCTIONS ENTRE 1962 ET 2022

En dehors des ouvrages déjà mentionnés, entre 1962 et 2022, les maisons d'édition coréennes ont fourni au public une cinquantaine de traductions des *Essais* de Montaigne sous forme d'extraits et d'adaptations plus ou moins libres, donnés par une trentaine de traducteurs[32]. Mais ces chiffres ne doivent pas faire illusion pour deux raisons.

Tout d'abord, quinze seulement parmi ces traducteurs ont été formés en langue et littérature françaises et ce problème de formation suggère une forte dépendance de leurs traductions par rapport à des traductions anglaises ou japonaises, ou par rapport au texte de Son, ce qui les rend forcément moins intéressantes. Cela est d'autant plus dommageable qu'on leur doit, sous forme de compilation ou d'adaptation, pratiquement la moitié des traductions publiées depuis 1990, soit neuf sur dix-neuf.

L'autre raison pour laquelle ces chiffres doivent être pris avec circonspection a déjà été évoquée : il s'agit de la liberté qu'ont longtemps eue les éditeurs de publier des textes qui avaient déjà vu le jour chez leurs concurrents et dont certains ont largement profité avec l'expansion du marché de l'édition dans la seconde moitié du XXe siècle. On retrouve ainsi l'édition d'une même traduction chez plusieurs éditeurs différents, souvent en parallèle des réimpressions de l'éditeur d'origine, présentées comme des éditions successives. Cet environnement de l'édition a joué un rôle qui n'a pas toujours été favorable à la réception des *Essais*, dont les traductions sont devenues des produits commerciaux ne recevant

[…]. Les écrivains coréens ne devraient pas se préoccuper de découvrir la beauté de la coquille, mais plutôt de découvrir la vraie valeur de soi et de la réaliser à travers des œuvres qui encouragent la vie de l'humanité. Le travail de l'écrivain doit donc consister à rétablir l'autorité de l'homme dans son propre individu » (Wou-Sung Son, « Les courants littéraires du monde et l'esprit autonome de la littérature », *Joseon Ilbo*, le 22 janvier 1955).

32 Nous comptons en tout trente-sept traducteurs, en incluant ceux des traductions intégrales.

pas toujours tous les soins nécessaires. Pour ne donner qu'un autre exemple précis, la traduction partielle de Seok-Rin Son, parue en 1972 chez *Seomundang* pour la première fois et depuis réimprimée deux fois en 1981 et en 2003, est republiée chez *Beomusa* en 1976, chez *Sumun Seokwan* en 1981, chez *Unamsa* 1983 et chez *Jisorim* en 1988, si bien qu'elle connaît cinq éditions chez des éditeurs différents et au moins quatorze réimpressions. Les traductions de Sun-Man Park, Gon Bang, Dong-Hun Ha et Myeon Song ont toutes connu le même mode d'édition et de réimpression.

Parmi toutes ces traductions, une au moins mérite une remarque et se distingue par le choix de son titre. Présentée avec la traduction des *Pensées* de Pascal, la traduction de Jin-Gu Lee, publiée en 1971 dans une collection « La littérature du monde » chez l'éditeur *Donghwa*, contient pour la première fois le titre *Essais* transcrit en alphabet coréen pour rendre la prononciation française et non le titre *Susangrok*, quasiment unanime dans les autres éditions pour traduire le sens. S'en expliquant dans son commentaire, Lee remet sur la table un débat récurrent. Il estime en effet que l'usage du mot *susangrok* au sens de *supil* n'est pas valable pour l'ouvrage de Montaigne car le titre original, inspiré du verbe « essayer », résume l'ensemble de sa personnalité, de ses idées et de ses expériences, or celles-ci forment une idée globale de la condition humaine[33]. Le traducteur détaille par ailleurs assez longuement le soin qu'il a pris dans le choix du texte original, en signalant comme outil principal un choix d'extraits des *Essais* édité par Daniel Ménager (Larousse, 1965), édition conforme à l'exemplaire de Bordeaux, et, comme outils secondaires, d'abord les *Pages immortels de Montaigne*, choisis et expliqués par André Gide (Éditions Corréa, 1939), puis l'édition complète de Jean Plattard (Société des Belles Lettres, 1948)[34].

Malheureusement, le titre que le traducteur Jin-Gu Lee propose en 1971 en rompant les conventions n'a pas grand écho et surtout pas dans le monde de l'édition, où c'est le titre *Susangrok* qui continue de prévaloir longuement ensuite, réduisant le champ de signification à l'aspect du genre. De ce point de vue, la traduction intégrale, la seconde de ce

33 Jin-Gu Lee, « Commentaire à la traduction des *Essais* », Michel de Montaigne, *Les Essais*, Éditions Donghwa, « La littérature du monde », n° 14, 1971, p. 509.

34 J.-G. Lee, « Commentaire… », p. 512. Lee y explique également son système de notes et la manière dont il intitule les sous-titres à l'intérieur des chapitres en suivant toujours l'édition de Daniel Ménager.

genre, faite par Min-Hwa Shim et Kwon-Hang Choi et parue en trois volumes en 2022 chez *Minumsa*[35], s'inscrit dans la succession de Jin-Gu Lee mais sans continuité puisqu'il s'agit d'entériner un usage qui s'est entretemps développé dans le monde de la recherche, où la transcription en alphabet coréen du titre original français s'est imposée.

Eux-mêmes lecteurs fidèles de la traduction de Wou-Sung Son, ces deux professeurs honoraires spécialistes de la littérature française du XVIIe siècle ont éprouvé la nécessité d'une nouvelle traduction des *Essais* pour répondre justement à deux questions posées depuis longtemps par les travaux de leurs prédécesseurs : celle de la traduction du titre, donc, et celle du texte d'origine. Ils ont tranché cette dernière question en prenant principalement pour base l'édition de Pierre Villey (PUF, 2004) mais en s'aidant également de celle de Jean Céard et de ses collaborateurs (La Pochothèque, 2002) pour se référer à l'édition des *Essais* de 1595. L'appel à l'édition de Villey les conduit eux aussi à l'insertion des couches A, B et C au sein du texte, comme l'avait fait Sekine en son temps. Cette inscription des différentes versions du texte est une chose nouvelle aux yeux des lecteurs coréens mais la présentation choisie suffit à leur donner une idée convaincante de l'évolution des *Essais*.

À part ces changements formels, il faut souligner la minutie dans la traduction des phrases et de la pensée de Montaigne. Dans la plupart des cas, les mots coréens sont proposés avec soin et avec précaution par rapport à plusieurs interprétations possibles et les deux traducteurs n'hésitent pas à fournir des explications dans des notes de bas de page.

L'histoire des traductions des *Essais* en Corée du Sud est donc marquée par les deux traductions complètes de 1965 et de 2022. La première, encore inscrite dans un projet d'ouverture au monde et de regénération nationale né pendant la colonisation, a été sensible surtout à l'universalité de la pensée de Montaigne, tout en introduisant le public coréen à la littérature française de la Renaissance. La seconde, bien que conçue aussi pour toucher un public général, donne une idée du progrès des études sur la littérature française en Corée comme fruit de la spécialisation progressive de ses chercheurs et ouvre la voie vers une traduction qui

35 Cette maison d'édition a été fondée par Maeng-Ho Park, celui qui avait publié la deuxième traduction partielle des *Essais* en 1962.

serait en même temps une édition critique, forme encore inédite dans le pays. En attendant, elle contribuera assurément à ce que le lectorat coréen non spécialiste ait une connaissance plus juste et plus précise de Montaigne et des *Essais*.

Seon-Hee LEE
Université nationale de Kangwon

LES TROIS VISAGES DE MONTAIGNE EN CHINE CONTEMPORAINE

Dans la République populaire de Chine (fondée en 1949), la fin de l'année 1978 a marqué le début de l'ère de la réforme et de l'ouverture, ainsi qu'un tournant culturel décisif. Ce tournant s'est particulièrement manifesté dans la traduction et la présentation de la littérature étrangère. Grâce à l'assouplissement de la censure, de nombreuses œuvres littéraires étrangères traduites depuis la période républicaine (1912-1949) et les « dix-sept ans » (1949-1966), mais interdites pendant la « Révolution culturelle » (1966-1976), ont été réimprimées et republiées, gagnant ainsi un large public. Parallèlement, de nombreuses nouvelles traductions ont vu le jour, et des revues littéraires consacrées aux littératures étrangères ont également été créées. C'est dans ce contexte que Montaigne, qui n'était pas inconnu des chercheurs chinois de la première moitié du XXe siècle[1], a progressivement retrouvé une nouvelle jeunesse dans la Chine contemporaine.

Il faut souligner que par rapport aux autres écrivains français, le destin de Montaigne a eu ses propres particularités. Pendant la période des « dix-sept ans », les œuvres littéraires étrangères traduites en chinois étaient soumises à un filtrage idéologique. Selon la bibliographie révisée par l'Association des écrivains chinois en 1954 à l'usage des « littéraires qui étudient la théorie politique et la littérature classique[2] », la catégorie de « la littérature étrangère » était divisée en deux sous-catégories : « la littérature russe et soviétique » et « les littératures d'autres pays ».

1 Pour un survol de la réception de Montaigne en Chine pendant l'époque républicaine, voir Ji Gao, « La réception de Montaigne en Chine », *Montaigne Studies*, vol. 28, 2016, p. 165-188. Pour la réception de Montaigne en Chine entre 1886 et 1943, voir encore Jiening Ma, *Montaigne en Chine*, Tusson, Éditions du Lérot, 2023.

2 « Bibliographie pour les littéraires qui étudient la théorie politique et la littérature classique », dans Hong Zicheng (dir.), *Zhongguo dangdai wenxueshi – Shiliao xuan* [*Histoire de la littérature chinoise contemporaine – Sélection de documents historiques (I)*], Wuhan, Changjiang wenyi chubanshe, 2002, p. 228-234.

Dans cette dernière sous-catégorie, la littérature française est représentée chronologiquement par les chefs-d'œuvre de Molière, Voltaire, Rousseau, Diderot, Beaumarchais, Stendhal, Balzac, Mérimée, Hugo, Flaubert, Dumas, Zola, Anatole France, Romain Rolland et Henri Barbusse. Cette bibliographie n'est pas exhaustive, mais elle donne une idée des goûts dominants de l'époque. Les grands écrivains français du XVIIe au XIXe siècle et une poignée d'écrivains de gauche du XXe siècle étaient particulièrement appréciés du public chinois. Quant à Montaigne, il ne faisait pas partie de ces écrivains et n'a pas attiré l'attention des lecteurs. L'année 1978 a vu un profond changement dans le paysage culturel de la Chine. Outre la réimpression massive des œuvres des écrivains susmentionnés, les œuvres de certains écrivains français du XXe siècle, tels que Sartre et Camus, et plus tard Proust, Milan Kundera et Marguerite Duras, ont également été chaleureusement accueillies par les lecteurs chinois. Dans l'ensemble, si l'on examine l'histoire de la réception de la littérature française en Chine depuis 1949, on constate que Montaigne se trouve dans une position singulière ; il n'était ni l'un des écrivains les plus respectés pendant les « dix-sept ans », ni un héros de la nouvelle culture de l'ère post-maoïste.

Plusieurs raisons expliquent la froideur de l'accueil réservé à l'œuvre de Montaigne. Il convient de noter que dans les années 1930 et 1940, les traductions de Liang Zongdai 梁宗岱 ont paru sporadiquement[3] dans des revues et des journaux. Ces traductions étaient toutes tirées du Livre I des *Essais*, première étape d'un projet plus ambitieux[4], et même si les traductions étaient de qualité supérieure, elles ne pouvaient montrer qu'une facette des essais de Montaigne. Pendant la République de Chine et les « dix-sept ans », les trente-quatre essais traduits par Liang Zongdai n'ont été ni rassemblés ni réédités. Par conséquent, dans les années 1950 et 1960, le nom de Montaigne est à peine mentionné

3 Vingt-et-un essai sous le titre général de « Sélection de la prose de Montaigne », entre 1935 et 1936, dans Zheng Zhenduo (dir.), *Shijie wenku* (*Bibliothèque mondiale*), vol. 7-12 ; 11 essais, entre août 1938 et février 1939, dans Dai Wangshu (dir.), « Horoscope » du journal *Xingdao ribao* (*Star Island Daily*) ; 2 essais, en 1943, dans *Wenyi xianfeng* (*L'Avant-garde littéraire*) et *Wenhua xianfeng* (*L'Avant-garde culturel*).

4 D'après Lu Lan, élève de Liang Zongdai, ce dernier aurait poursuivi son travail sur les *Essais* de Montaigne dans les années 1950 et 1960 en vue de réaliser une traduction intégrale, mais les manuscrits auraient été perdus durant la « Révolution culturelle », voir « Notice de l'éditeur », dans *Mengtian shibi* [*Les* Essais *de Montaigne*], trad. Liang Zongdai, Pékin, Zhongyang bianyi chubanshe, 2006, p. 381.

dans certains manuels de littérature française ou européenne[5], et bien que son nom ne soit pas inconnu en Chine, très peu de gens ont lu ses œuvres. De 1978 à nos jours, malgré de nombreuses traductions et adaptations, le style et le contenu des essais de Montaigne continuent de poser problème au lecteur chinois moyen. Les nombreuses citations d'auteurs antiques, les références étendues à l'histoire et à la culture gréco-romaines et françaises, ainsi que le style sinueux de la pensée et de l'écriture créent certaines barrières pour le lecteur chinois. Comme nous le verrons plus loin, la sélection du matériel dans les différentes traductions partielles témoigne également de cette barrière culturelle.

Malgré les difficultés, Montaigne a été graduellement redécouvert comme un auteur français unique dans la vague de traduction et de diffusion de la littérature étrangère depuis la réforme et l'ouverture de la Chine. L'année 1987 a vu la publication d'une sélection d'essais de Montaigne[6], dont la première partie contient vingt-et-un essais traduits par Liang Zongdai et publiés à l'origine dans la série « Shijie wenku » (世界文庫 / *Bibliothèque mondiale*) de 1935 et 1936. La deuxième partie contient la traduction partielle de Huang Jianhua 黃建華, ancien élève de Liang Zongdai. Cette dernière partie est en fait une compilation de passages jugés « importants » et réarrangés en fonction de leur sujet. Selon Huang Jianhua, le contenu des *Essais* peut être résumé en trois aspects : 1) le moi tel que ressenti par l'auteur ; 2) le mode de vie et les sentiments des êtres humains tels qu'il les a expérimentés ; 3) le monde réel tel que Montaigne l'a compris[7]. C'est dans cet ordre que Huang Jianhua a créé un recueil de trente-et-un assemblages de passages, avec de nouveaux titres tels que « l'amour de la vie », « le mystère de l'amitié », « la nature illusoire des sensations ». Afin d'en faciliter la compréhension, Huang Jianhua a supprimé un grand nombre de citations et de références, ne conservant que les passages les plus « personnels » susceptibles de trouver un écho auprès des lecteurs chinois. Malgré ses lacunes, il s'agit du premier recueil d'essais de Montaigne à paraître en Chine, et il a été réimprimé à plusieurs reprises, ce qui en fait l'une des traductions partielles les plus populaires. Au cours des décennies

---

5 Yang Zhouhan, Wu Dayuan, Zhao Luorui, *Ouzhou wenxueshi* [*Histoire de la littérature européenne*], Pékin, Remin wenxue chubanshe, 1964.

6 *Mengtian suibi* [*Les* Essais *de Montaigne*], trad. Liang Zongdai et Huang Jianhua, Changsha, Hunan wenyi chubanshe, 1987.

7 *Ibid.* p. 3.

suivantes, deux autres traductions complètes ont été publiées : une traduction de la maison d'édition Yilin, réalisée par sept traducteurs différents, publiée en 1996[8] et une traduction de Ma Zhencheng 馬振騁, publiée en 2009[9]. En outre, il existe un grand nombre de traductions partielles, soit adaptées de ces deux traductions complètes, soit retraduites à partir de l'original français ou d'une traduction anglaise.

Au cours des dernières décennies, la traduction des *Essais* et divers types d'études sur Montaigne ont permis une nouvelle compréhension de Montaigne. Globalement, l'image de Montaigne dans la Chine contemporaine peut être résumée en trois visages : 1) Montaigne l'essayiste ; 2) Montaigne le penseur ; 3) Montaigne le maître du bien-vivre. Les deux premiers visages sont plus orientés vers les chercheurs, tandis que le dernier s'adresse au grand public. Ces trois visages sont étroitement liés et sont dictés par le style et le contenu des *Essais*, mais aussi et surtout par les intérêts des chercheurs, les goûts du grand public et les paramètres économiques des éditeurs. Ils reflètent également les spécificités de la diffusion et de la réception des œuvres de Montaigne dans un contexte transculturel. Les *Essais* sont uniques en ce sens qu'ils traitent d'un large éventail de sujets dans un format très souple, qu'ils se prêtent à diverses adaptations et qu'ils laissent une large place à différentes interprétations. Par conséquent, l'étude de l'image de Montaigne dans la Chine contemporaine permettra non seulement de mesurer l'impact des *Essais*, mais fournira également une étude de cas pour explorer les mécanismes du processus de réception.

---

8 *Mengtian suibi quanji (I)* [*Les* Essais *de Montaigne (Livre I)*], trad. Pan Lizhen, Wang Lunyue et Ding Buzhou, Nankin, Maison d'édition Yilin, 1996 ; *Mengtian suibi quanji (II)* [*Les* Essais *de Montaigne (Livre II)*], trad. Ma Zhencheng, Xu Hejin, Pan Lizhen et Ding Buzhou, Nankin, Maison d'édition Yilin, 1996 ; *Mengtian suibi quanji (III)* [*Les* Essais *de Montaigne (Livre III)*], trad. Lu Binghui et Liu Fang, Nankin, Maison d'édition Yilin, 1996.

9 *Mengtian suibi quanji* [*Les* Essais *complets de Montaigne*], trad. Ma Zhencheng, Shanghai, Shanghai shudian chubanshe, 2009.

MONTAIGNE L'ESSAYISTE

Pour les lettrés et écrivains chinois, la réputation de Montaigne est inextricablement liée à son statut de fondateur du genre de l'« essai ». Dans la première moitié du XXe siècle, confrontés au terme « essai », qui n'avait pas d'équivalent en chinois, les lettrés chinois ont opté pour une grande variété de termes, tels que « san wen » (散文 « prose »), « xu yu san wen » (絮語散文 « prose décousue »), « mei wen » (美文« belle écriture »), et « shi bi » (試筆 « essai d'écriture »), etc. La diversité des traductions témoigne de la perplexité des lettrés chinois face à ce genre littéraire inédit. Jusque dans les années 1980, le terme « san wen » était encore utilisé dans quelques traductions et histoires littéraires. En outre, certaines éditions récentes de la traduction de Liang Zongdai ont repris le titre original de « shi bi », composé de caractères « essayer » 試 et « plume » 筆.

Dans l'ensemble, cependant, de toutes les traductions du terme « essai » dans la Chine contemporaine, « sui bi » 隨筆 est de loin la plus répandue. La popularité de ce terme est directement liée à la large diffusion de la traduction chinoise des premiers *Essais* complets – dont le titre emploie « sui bi » pour rendre « essai » – publiés en 1996, qui était le résultat d'un projet collectif de la maison d'édition Yilin, réparti entre sept traducteurs différents. Cependant, la popularité du « sui bi » a des racines plus profondes, car ce terme est également un genre littéraire dans la littérature chinoise classique. Mot composé de caractères « suivre » 隨 et « plume » 筆, « sui bi » souligne la spontanéité du genre, qui est représenté dans le *Rongzhai suibi* 容齋隨筆 (« écrits spontanés du studio de la tolérance ») du XIIe siècle, de Hong Mai 洪邁 (1123-1202). La distinction claire entre l'essai de Montaigne et le genre chinois classique n'a pas empêché les traducteurs et les lecteurs chinois de trouver dans le *Rongzhai suibi* le genre le plus proche des *Essais.*

Cependant, bien que le terme « sui bi » trouve son origine dans la littérature chinoise classique, l'essai chinois moderne a été largement façonné dans la première moitié du XXe siècle sous l'influence de la littérature occidentale. Dans un article intitulé « mei wen » (« belle écriture ») publié en 1921, le grand écrivain Zhou Zuoren 周作人 (1885-1967) a évoqué la popularité de l'essai dans la littérature anglaise et les similitudes entre l'essai et certains genres de la littérature chinoise classique, avant de souligner que le genre devait être encouragé à s'épanouir dans la littérature chinoise moderne. Selon ses propres termes, « nous pouvons bien nous référer à des modèles étrangers, mais au lieu de les imiter, nous devrions utiliser nos propres phrases et idées[10] ». Les « modèles étrangers » se réfèrent ici avant tout au « modèle britannique ». Zhou Zuoren nous invite donc à nous inspirer de ce qui est utile à l'essai chinois moderne dans la littérature anglaise (plutôt que dans la littérature japonaise, dont il était un grand connaisseur).

Par conséquent, l'essai anglais représenté par des auteurs tels que Francis Bacon et Charles Lamb est considéré comme un modèle. Lorsque les lettrés chinois parlent de l'essai anglais, ils mentionnent naturellement Montaigne. Par exemple, le célèbre essayiste Liang Yuchun 梁遇春 (1906-1932), mort jeune, était un traducteur de Charles Lamb, qu'il admirait tellement que ses contemporains l'appelaient l'« Elia chinois[11] ». Dans ses écrits retraçant les origines de l'« essai », Montaigne a été qualifié de fondateur du genre[12]. À l'époque, l'introduction la plus systématique du genre de l'« essai » est sans aucun doute l'article[13] de Hu Menghua胡夢華 publié en 1926. Dans ce long article, intitulé « prose décousue » ou « xuyu sanwen », traduction basée sur le terme anglais « familiar essay », Hu Menghua insiste sur le caractère personnel du genre, estimant qu'il s'agit avant tout d'une expression de la personnalité de l'auteur, et consacre un chapitre entier à Montaigne. Bien que sa traduction n'ait pas été largement diffusée, l'article est devenu une référence essentielle pour les chercheurs chinois intéressés par le genre de l'essai à l'époque. Il est également prouvé que plusieurs grands essayistes de l'époque, dont Lu Xun 魯迅[14] (1881-1936) et Lin Yutang 林語堂[15] (1895-1976), ont été influencés par l'essai de Montaigne.

---

10 *Chenbao fukan* [*Journal du matin – Supplément*], 8 juin 1921. Voir aussi Zhou Zuoren, *Tanhu ji* [*Recueil des causeries sur le tigre*], Pékin, Beijing shiyue wenyi chubanshe, 2011, p. 31-32.

11 Voir Wen Yuanning, « Liang Yu-ch'un, A Chinese Elia », *The China Critic*, n°. 15, 12 avril 1935.

12 *Cf.* Wu Fuhui (éd.), *Liang Yuchun sanwen quan bian* [*L'intégralité de la prose de Liang Yuchun*], Hangzhou, Zhejiang wenyi chubanshe, 1992.

13 *Xiaoshuo yuebao* [*Mensuel de romans*], vol. 17, n° 3, le 10 mars 1926.

14 Selon le journal de Lu Xun, il a acheté une édition japonaise des écrits d'André Gide sur Montaigne le 16 septembre 1934 et la traduction japonaise (par Hidéo Sékiné) des trois volumes des *Essais* le 13 août et le 30 novembre 1935. *Cf. Lu Xun quanji* [*Œuvres complètes de Lu Xun*], vol 15, « Journal », Pékin, Renmin wenxue chubanshe, 1981.

15 « Nietzsche n'arrive pas à me limiter, encore moins ce Marx de l'Occident. Je fais le va-et-vient entre le christianisme et le confucianisme, n'ayant qu'une affinité superficielle

Sans doute n'est-il pas surprenant que ce visage d'essayiste continue de dominer toute introduction à Montaigne dans la Chine d'après 1978. Voici quelques études plus récentes qui analysent Montaigne en tant qu'essayiste. Dans un article intitulé « Les essais modernes vus à travers les *Essais* de Montaigne[16] », Guo Hongan 郭宏安 (1943-2023) retrace l'histoire du « sui bi » dans la littérature chinoise classique, puis donne un aperçu de l'évolution de l'essai dans la tradition occidentale (Montaigne, Bacon, Lamb, etc.) et analyse enfin la lecture de Montaigne par Jean Starobinski dans *Montaigne en mouvement*. Guo Hongan soutient que la liberté d'esprit est une condition *sine qua non* de l'essai et que malgré les changements radicaux qui ont eu lieu de nos jours par rapport à l'époque de Montaigne, l'essai doit rester intensément personnel et doit être le genre le plus libre, ainsi que le plus expressif de la beauté de la critique. L'article de Qian Linsen 錢林森 (1937-) « Montaigne et la Chine[17] » se concentre sur la relation entre Montaigne et la littérature chinoise moderne (1912-1949) et en particulier sur la manière dont Montaigne a influencé les écrivains chinois de l'époque à travers l'essai anglais (Bacon, Lamb, etc.).

D'ailleurs, dans les diverses anthologies d'« essais » ou de « prose » publiées ces dernières années, Montaigne est souvent juxtaposé à des auteurs tels que Francis Bacon, Ralph Waldo Emerson, ou même Blaise Pascal[18]. Il s'agit là d'une tentative de division par genre, même si cette division n'est pas tout à fait appropriée. Avec l'évolution de la société chinoise, la conscience de soi s'est progressivement éveillée et l'écriture de soi est devenue de plus en plus importante. L'essai étant un genre particulièrement adapté à l'écriture de soi, le visage de l'essayiste Montaigne est susceptible d'occuper une place de plus en plus importante. À cet égard, Montaigne est également un objet de référence constant pour les essayistes chinois.

---

avec eux, et j'apprends uniquement auprès de mon maître Montaigne », voir Lin Yutang, « Sishi zishu » (« Moi, à quarante ans »), *Lun Yu* [*Les Entretiens*], vol. 49, le 16 septembre 1934.

16 Guo Hongan, « Cong mengtian suibi kan xiandai suibi » (« Les essais modernes vus à travers les *Essais* de Montaigne »), *Zhongguo tushu pinglun* [*China Book Review*], n°. 4, 2008, p. 16-24.

17 Qian Linsen, « Mengtian yu zhongguo » (« Montaigne et la Chine »), *Waiguo wenxue yanjiu* [*Foreign Literature Studies*], n°. 2, 2002, p. 119-126.

18 Voici quelques exemples : *Mengtian suibi, Peigen suibi, Aimosheng suibi da quanji* [*La grande collection des essais de Montaigne, de Bacon et d'Emerson*], Pékin, Huawen chubanshe, 2010 ; *Peigen rensheng lun, Mengtian suibi ji, Pasika sixianglu* [Les discours de Bacon sur la vie, les *Essais* de Montaigne, les *Pensées* de Pascal], Pékin, Xinshijie chubanshe, 2011.

MONTAIGNE LE PENSEUR

Le second visage de Montaigne est celui d'un penseur. Liang Zongdai, dans son article de 1933 intitulé « Commémoration du 400e anniversaire de Montaigne[19] » (article suivi de la traduction de « Que philosopher, c'est apprendre à mourir » I, 20), a souligné avec perspicacité que la pensée de Montaigne était si vaste, si variée et si diverse qu'elle ne pouvait être interprétée d'une seule manière sans nuire à l'image d'ensemble. Cette compréhension tente d'éviter toute idée préconçue de la pensée de Montaigne et fait preuve d'ouverture d'esprit. En raison de leur forme souple et de leur contenu varié et personnifié, les *Essais* sont particulièrement susceptibles de faire l'objet d'interprétations différentes. Dans le contexte chinois, cependant, plusieurs aspects de la pensée de Montaigne semblent particulièrement saillants, notamment son scepticisme, son écriture de soi, ses idées en matière d'éducation et l'affinité de Montaigne avec la culture chinoise[20]. Dans son livre *Méthode d'institution des enfants chez Montaigne*[21], publié en 1930, Lei Tongqun雷通群 présente la pensée de Montaigne sur l'éducation et traduit deux essais qui s'y rapportent : « De l'institution des enfants » (I, 26) et « Du pédantisme » (I, 25). Dans leurs manuels de littérature française basés sur des œuvres écrites en français, en anglais ou en japonais, des lettrés tels que Zhou Zuoren[22], Yuan Changying 袁昌英[23], Xu Xiacun 徐霞村[24], Mu Mutian 穆木天[25], et Wu Dayuan 吳達元[26] ont mis l'accent sur le scepticisme et l'écriture de soi de Montaigne.

---

19 *Wenxue* (*Littérature*), n°. 1, juillet 1933.

20 Voir Ji Gao, « Quelques thèmes récurrents dans la représentation de Montaigne en Chine durant l'ère républicaine (1912-1949) », dans Jean Balsamo et Amy Graves (dir.), *Global Montaigne*, Paris, Classiques Garnier, 2021, p. 707-721.

21 Lei Tongqun, *Meng shi you zhi jiao yu fa* [*Méthode d'institution des enfants chez Montaigne*], Shanghai, Shang wu yin shu guan, 1934 [1930].

22 Zhou Zuoren, *Ouzhou wenxue shi* [*Histoire de la littérature européenne*], Shanghai, Shangwu yinshuguan, 1918.

23 Yang-Yuan Changying, *Falanxi wenxue* [*Littérature française*], Shanghai, Shangwu yinshuguan, 1923.

24 Xu Xiacun, *Faguo wenxue shi* [*Histoire de la littérature française*], Shanghai, Beixin shujü, 1930.

25 Mu Mutian, *Faguo wenxue shi* [*Histoire de la littérature française*], Shanghai, Shijie shujü, 1935.

26 Wu Dayuan, *Faguo wenxue shi* [*Histoire de la littérature française*], Shanghai, Shangwu yinshuguan, 1946.

Après 1978, ces thèmes récurrents dans les représentations républicaines de Montaigne se poursuivent dans la Chine contemporaine. Dans le même temps, de nouvelles études et traductions ont ajouté de nouveaux éléments à notre compréhension de la pensée de Montaigne. Par exemple, la version révisée de l'*Histoire de la littérature française*[27] éditée par Liu Mingjiu 柳鳴九 (1934-2022), divisée en trois tomes et publiée en 2007, est à ce jour la plus étendue histoire de la littérature française en langue chinoise. Le chapitre sur Montaigne consacre une section à la pensée de Montaigne, qui s'articule autour de plusieurs axes. Tout d'abord, la conscience de soi, c'est-à-dire que Montaigne ne se contente pas de se dépeindre, il s'analyse et s'explore, tout en exprimant ses pensées et ses commentaires sur un large éventail de domaines tels que la société, l'histoire, les coutumes et les modes de vie, en fonction de son propre tempérament. Ensuite, il y a le détachement des réalités socio-historiques, ainsi que la nature philosophique des *Essais*, avec de nombreuses références latines accompagnant les réflexions. Par ailleurs, les écrits de Montaigne étaient « révolutionnaires » en ce sens qu'ils reflétaient une vision du monde totalement opposée à l'idéologie religieuse de l'époque. Enfin, Montaigne a fait du « Que sais-je ? » sa devise et s'est surtout caractérisé par son scepticisme, une attitude qui résume la finitude de la connaissance humaine, mais qui est en même temps une affirmation et un plaidoyer sur la manière dont l'homme doit affronter le monde. Étant donné le contexte historique des guerres de religion, le scepticisme de Montaigne serait donc une remise en question de l'idéologie religieuse à la fois arbitraire et fanatique. Sinon, dans *Le Nouveau précis d'histoire de la littérature française*[28] qui vient de paraître en 2022, Che Lin 車琳 souligne la variabilité de la pensée de Montaigne, son écriture de soi, son scepticisme à la fois épistémologique, spirituel et éthique. C'est le scepticisme, selon Che Lin, qui a permis à Montaigne de garder un certain équilibre au milieu des guerres de religion, et c'est l'individualisme qui a constitué la base de la pensée éducative et de l'art de vivre de Montaigne.

---

27 Liu Mingjiu (dir.), *Faguo wenxue shi* [*Histoire de la littérature française*], Pékin, Renmin wenxue chubanshe, 2007. La première version de ce livre a été publiée en 1979. Bien que l'édition de 2007 ait subit de nombreuses modifications, elle porte encore des traces de l'héritage marxiste-maoïste.

28 Che Lin, *Xinbian faguo wenxue jianshi* [*Précis d'histoire de la littérature française*], Pékin, Waiyu jiaoxue yu yanjiu chubanshe, 2022, p. 68-72.

Comme le montrent les exemples représentatifs ci-dessus, dans les différentes histoires de la littérature française publiées dans la Chine contemporaine, le scepticisme ainsi que l'écriture et la conscience de soi ont été considérés comme le fondement de la pensée de Montaigne, sur lequel une variété d'autres réflexions ont été développées. En même temps, certains chercheurs plus âgés soulignent le caractère « révolutionnaire » des idées de Montaigne, tandis que d'autres s'intéressent davantage à l'incertitude et à la diversité des discours dans les *Essais*.

En outre, les chercheurs chinois contemporains ont progressé dans la traduction des ouvrages sur la vie et l'œuvre de Montaigne, telles que *Montaigne* de Peter Burke[29], *Montaigne* de Stefan Zweig[30] et *Montaigne à cheval* de Jean Lacouture[31]. La biographie de Zweig, rééditée à plusieurs reprises, est particulièrement populaire, sans doute en raison de la grande réputation de l'auteur autrichien. Cependant, la recherche spécialisée sur Montaigne reste globalement limitée. En général, les chercheurs chinois n'ont pas accordé suffisamment d'attention aux travaux sur Montaigne publiés en Europe ou en Amérique du Nord. Parmi les nombreux ouvrages et articles sur Montaigne dans les langues occidentales, seuls quelques-uns ont attiré l'attention des chercheurs chinois. Un exemple particulier est l'ouvrage de Biancamaria Fontana intitulé *Montaigne's Politics : Authority and Governance in the Essais*[32], dont la traduction chinoise[33], parue en 2010, offre une référence importante sur la pensée politique de Montaigne aux chercheurs et lecteurs chinois, pour qui Montaigne avait été avant tout une figure littéraire. Comme le souligne la longue critique[34] de Han Weihua 韓偉華, le livre de Fontana analyse en détail la philosophie politique des *Essais*, comblant ainsi une lacune

29 Peter Burke, *Meng tian* [*Montaigne*], trad. Sun Naixiu, Pékin, Gongren chubanshe, 1985.

30 Stefan Zweig, *Meng tian* [*Montaigne*], trad. Shu Changshan, Pékin, Sanlian shudian, 2008 ; Stefan Zweig, *Suibi dashi mengtian* [*Le grand essayiste Montaigne*], trad. Shu Changshan, Pékin, Sanlian shudian, 2020.

31 Jean Lacouture, *Mabei shang de meng tian* [*Montaigne à cheval*], trad. Ma Zhencheng, Pékin, Renmin wenxue chubanshe, 2022.

32 Biancamaria Fontana, *Montaigne's Politics : Authority and Governance in the* Essais, Princeton, Princeton University Press, 2008.

33 Biancamaria Fontana, *Mengtian de zhengzhixue* – Suibiji *zhong de quanwei yu zhili* [*La politique de Montaigne : Autorité et gouvernance dans les* Essais], trad. Chen Yongxi et Chen Li, Pékin, Beijing daxue chubanshe, 2010.

34 Han Weihua, « Yinwei xiezuo yu jingdian xinjie » (« La crypto-écriture et la nouvelle interprétation des classiques »), *Wenyi yanjiu* [*Literature & Art Studies*], n°. 4, 2013, p. 147-155.

importante et permettant aux chercheurs et lecteurs chinois de mieux appréhender Montaigne en tant que penseur politique.

Par ailleurs, des études récemment publiées témoignent d'une familiarité avec la recherche sur Montaigne dans le monde occidental. L'un des articles les plus représentatifs est celui[35] que vient de publier Li Yongyi 李永毅 en 2023. Cet article explore l'influence de *De rerum natura* de Lucrèce sur le scepticisme de Montaigne. L'auteur soutient que le scepticisme de l'auteur des *Essais* était dirigé non seulement contre les dogmes religieux dominants, mais aussi contre toute l'école sceptique à partir de Pyrrhon, et que l'interprétation de Lucrèce par Montaigne a eu des effets considérables sur les générations suivantes et a joué un rôle important dans la genèse des Lumières. L'article cite un grand nombre de sources françaises et anglaises et engage un dialogue avec elles, démontrant ainsi l'esprit critique de l'auteur.

On observe donc qu'en Chine, le visage de Montaigne en tant que penseur présente quelques grandes lignes, telles que la versatilité et la diversité de sa pensée, sa conscience et écriture de soi, et le scepticisme comme fil conducteur de sa philosophie. Grâce à la traduction de certaines biographies de Montaigne, les lecteurs chinois ont pu mieux apprécier les principaux traits de la pensée de Montaigne. Quant aux études plus spécialisées sur Montaigne, elles n'en sont encore qu'à leurs balbutiements à l'heure actuelle. Il est à espérer que cette situation évoluera avec le temps et que les études de Montaigne réalisées par des chercheurs occidentaux continueront d'être traduites et introduites en Chine.

MONTAIGNE LE MAÎTRE DU BIEN-VIVRE

Le troisième visage de Montaigne en Chine est celui d'un maître du bien-vivre ou d'un expert du bien-être. Cette impression générale est façonnée par les stratégies de publication des éditeurs, qui tentent à leur tour de répondre aux stéréotypes des lecteurs.

---

35 Li Yongyi, « *Wuxing lun* yu Mengtian de ziran zhuyi huaiyilun » (« *De rerum natura* et le scepticisme naturel de Montaigne »), *Waiguo wenxue pinglun* [*Foreign Literature Review*], n°. 1, 2023, 151-178.

Avant d'examiner les spécificités de ce visage de Montaigne, il est important de noter l'absence d'une traduction chinoise « savante ». Pour ceux qui souhaitent étudier Montaigne en profondeur, la traduction partielle de Liang Zongdai et de Huang Jianhua, ainsi que les deux principales traductions complètes – la traduction collective de la maison d'édition Yilin et la traduction de Ma Zhencheng – laissent à désirer, car elles ne font pas la distinction entre les trois couches du texte original (1580, 1588 et 1595) et ne contiennent que des annotations plutôt succinctes. Quant aux nombreuses citations latines des *Essais*, les traductions ci-dessus ne donnent que le nom de l'auteur ou le titre de l'œuvre, mais jamais le numéro des chapitres ou des volumes. Pour ce qui est des multiples traductions partielles parues ces dernières années, elles ne peuvent servir de référence au chercheur, car elles sont motivées par des considérations commerciales et se permettent parfois beaucoup d'adaptations. À ce jour, il n'existe toujours pas de traduction chinoise de qualité, richement annotée et basée sur une ou plusieurs éditions critiques fiables des *Essais*.

Cependant, même avec une traduction savante idéale, le public de cette édition risque d'être limité à un petit nombre de chercheurs, car pour la plupart des lecteurs, les *Essais* de Montaigne s'apparentent davantage à une compilation d'aphorismes ou de paroles de sagesse. Ainsi, l'essai, genre à la forme souple, a pu être adapté aux intérêts du public et aux attentes des éditeurs. Dans de nombreuses traductions partielles de Montaigne, les passages traitant de l'aspect public de Montaigne, tels que les discussions sur des sujets politiques et historiques, ont souvent été omis, parce que le contenu lié à l'histoire de la Rome antique et de la France du XVIe siècle est relativement peu familier à la grande majorité des lecteurs chinois. En revanche, les extraits traitant de la sphère privée, tels que les chapitres sur des sujets comme le soi, la vie, et traitant du scepticisme, de l'éducation, de l'amitié, etc. sont souvent non seulement conservés, mais font l'objet d'une attention particulière. Ainsi, le côté « public » de Montaigne – son implication dans les affaires publiques – a été considérablement minimisé, et il est devenu le symbole du gentilhomme humaniste, couronné du plus pur détachement, avec l'image du vieux sage écrivant seul dans son château plus solidement ancrée que jamais. Certaines parties des *Essais* sont même totalement ignorées, sans doute à l'image de la réception de Montaigne dans d'autres cultures.

Pour rendre notre jugement plus concret, examinons onze traductions partielles[36] des *Essais* publiées au cours des vingt dernières années. Après avoir examiné la fréquence d'inclusion des chapitres, nous constatons que certains chapitres ont été inclus de manière constante, tandis que d'autres ne l'ont été que rarement, voire jamais. Voici une liste comparative des chapitres fréquemment et rarement inclus dans les traductions partielles :

Les chapitres régulièrement inclus dans les traductions partielles	Les chapitres rarement ou jamais inclus dans les traductions partielles
Livre I « Par divers moyens on arrive à pareille fin » (I, 1) « De la tristesse » (I, 2) « De l'oisiveté » (I, 8) « Des menteurs » (I, 9) « Du parler prompt ou tardif » (I, 10) « De la peur » (I, 18) « Que philosopher c'est apprendre à mourir » (I, 20) « De la force de l'imagination » (I, 21) « Le profit de l'un est dommage de l'autre » (I, 22) « C'est folie de rapporter le vrai et le faux à notre suffisance » (I, 27) « De la modération » (I, 30) « De l'inéqualité qui est entre nous » (I, 42)	Livre I « Cérémonie de l'entrevue des rois » (I, 13) « On est puni pour s'opiniâtrer à une place sans raison » (I, 15) « Vingt et neuf sonnets d'Étienne de la Boétie » (I, 29) « Des cannibales » (I, 31) « De fuir les voluptés au prix de la vie » (I, 33) « D'un défaut de nos polices » (I, 35) « Du jeune Caton » (I, 37) « Considération sur Cicéron » (I, 40) « De la bataille de Dreux » (I, 45) « Des destries » (I, 48) « Des coustumes anciennes » (I, 49) « De la parsimonie des anciens » (I, 52) « Des prières » (I, 56)

36 *Mengtian suibiji* [*Les* Essais *de Montaigne*], trad. Liang Zongdai et Huang Jianhua, Beijing, Renmin wenxue chubanshe, 2005. – *Mengtian suibi (chatuben)* [*Les* Essais *de Montaigne (édition illustrée)*], illus. Salvador Dali, trad. Zhu Ziyi, Shanghai, Shanghai renmin chubanshe, 2006. – *Mengtian suibi* [*Les* Essais *de Montaigne*], trad. Li Lin et Dai Xingwei, Shanghai, Shanghai sanlian shudian, 2008. – *Mengtian suibi* [*Les* Essais *de Montaigne*], trad. Yang Fan, Pékin, Huawen chubanshe, 2010. – *Mengtian suibi* [*Les* Essais *de Montaigne*], trad. Li Guide, Hefei, Anhui wenyi chubanshe, 2011. – *Mengtian suibi* [*Les* Essais *de Montaigne*], trad. Liu Yifei, Harbin, Heilongjiang kexuejishu chubanshe, 2012. *Maisui zhi chengshu baoman shi* [*Épis de blé jusqu'à pleine maturité*], trad. Pei Zeye, Pékin, Beijing lianhe chuban gongsi, 2018. – *Mengtian suibi* [*Les* Essais *de Montaigne*], trad. Wu Xiaofan, Pékin, Beijing lianhe chuban gongsi, 2018. – *Zhizhe de ziwo xiuyang – Mengtian de shenghuo zhexue* [*La cultivation de soi du sage – la philosophie de vie de Montaigne*], trad. Gao Xing, Pékin, Zhongguo huaqiao chubanshe, 2020. – *Mengtian suibi* [*Les* Essais *de Montaigne*], trad. Zhang Junfeng, Chengdu, Sichuan wenyi chubanshe, 2022. – *Mengtian suibi – yiwei dunyingzhe de yousi yu ziwu* [*Les* Essais *de Montaigne – les préoccupations et la réalisation de soi d'un reclus*], trad. Huo Wenzhi, Chongqing, Chongqing chubanshe, 2022.

Livre II « De l'inconstance de nos actions » (II, 1) « Des livres » (II, 10) « De la gloire » (II, 16) « Nous ne goûtons rien de pur » (II, 20) Livre III « De trois commerces » (III, 3)	Livre II « À demain les affaires » (II, 4) « Des armes des Parthes » (II, 9) « Des postes » (II, 22) « De la grandeur romaine » (II, 24) « Couardise mère de la cruauté » (II, 27) « Défense de Sénèque et de Plutarque » (II, 32) « Observations sur les moyens de faire la guerre de Julius Cæsar » Livre III « Des coches » (III, 6) « De l'incommodité de la grandeur » (III, 7) « Des boiteux » (III, 11)

Étant donné que la majorité des lecteurs chinois s'appuient sur des traductions partielles des *Essais* de Montaigne, leurs choix révèlent les préférences d'une grande partie du public chinois. Les chapitres de la colonne de gauche du tableau ci-dessus traitent de la philosophie de la vie et sont de nature plus « universelle », tandis que les chapitres de la colonne de droite traitent de thèmes spécifiques dans le contexte de la culture occidentale. Les lecteurs chinois ne connaissent généralement pas l'histoire, la politique et la culture de la Rome antique et de la France du XVIe siècle, et comme leur bagage culturel est assez différent de celui du public français, ils sont plus susceptibles d'apprécier les essais sur des sujets quotidiens liés au bien-être et au bien-vivre des gens. Certains traducteurs ont même supprimé de nombreuses citations latines et n'ont gardé que les passages ou aphorismes contenant de la « sagesse » afin de répondre au mieux aux attentes de leurs lecteurs. Il convient de noter que certains chapitres de la colonne de droite, comme « Vingt et neuf sonnets d'Étienne de la Boétie » (I, 29), « De fuir les voluptés au prix de la vie » (I, 33) et « De la bataille de Dreux » (I, 45), coïncident avec les « chapitres oubliés[37] » assez peu retouchés par l'essayiste lui-même au fil des éditions et très peu commentés par la critique. Cela suggère que les traducteurs chinois ont été influencés par les anthologies françaises

37 Philippe Desan (dir.), *Les Chapitres oubliés des* Essais *de Montaigne*, Paris, Honoré Champion, 2015, p. 9-10.

existantes et qu'il existe certaines similitudes entre les intérêts des lecteurs chinois et français.

Un autre critère important est la longueur des chapitres, c'est-à-dire que les chapitres fréquemment sélectionnés sont invariablement relativement courts. C'est pourquoi la grande majorité de ces chapitres proviennent du Livre I, tandis que les chapitres plus longs des Livres II et III ont tendance à être divisés en plusieurs parties. Par exemple, « De l'expérience » (III, 13), le chapitre conclusif où Montaigne revient sur la quête qu'il mène dans son œuvre, est rarement inclus dans les traductions partielles, mais celle de Liang Zongdai et Huang Jianhua en a repris trois fragments et les a présentés séparément. De même, bien que le « scepticisme » de Montaigne soit bien connu des lecteurs chinois, la plupart des traductions partielles excluent le célèbre « Apologie de Raimond Sebond » (II, 12) en raison de sa longueur, alors que la traduction de Liang Zongdai et Huang Jianhua en reprend cinq fragments et les présente côte à côte avec les autres chapitres. Ajoutons qu'outre ces traductions partielles, la traduction par Ma Zhencheng du plus long chapitre des *Essais* a été publiée plusieurs fois en un seul volume[38].

Comme l'a souligné Huang Jianhua dans la préface de sa traduction partielle révisée et publiée en 2005, ses critères de sélection se résument à quelques principes : 1) les chapitres les plus lus, c'est-à-dire ceux qui sont fréquemment retenus par des anthologies françaises ; 2) le contenu devrait être proche des lecteurs chinois, c'est-à-dire que les références historiques et politiques, ainsi qu'un grand nombre de citations latines, devraient être omises autant que possible ; 3) la sélection devrait être aussi variée que possible, avec des chapitres entiers ainsi que des extraits, afin de présenter aux lecteurs une vue d'ensemble des *Essais*[39]. Ces principes de Huang Jianhua sont représentatifs et reflètent les méthodes de travail de nombreux traducteurs. En résumé, l'objectif est de rendre les traductions partielles lisibles et accessible aux lecteurs chinois, en partant du principe qu'il faut, dans la mesure du possible, présenter un aperçu complet des *Essais*.

---

38 *Wo zhidao shenme ? – Mengtian « Leimeng saibang zan »* [*Que sais-je ? L'« Apologie de Raimond Sebond » de Montaigne*], trad. Ma Zhencheng, Pékin, Zhonghua shujü, 2014. ; *Leimeng saibang zan* [*Apologie de Raimond Sebond*], trad. Ma Zhencheng, Shanghai, Shanghai sanlian shudian, 2006.

39 *Mengtian suibiji*, trad. Liang Zongdai et Huang Jianhua, *op. cit.*, 2005, p. 4.

Parmi les chapitres peu ou pas repris dans les traductions partielles, « Des cannibales » (I, 31) constitue un cas à part. Par son éloge paradoxal des cannibales du Brésil, ce chapitre pose la question de l'altérité et soumet les lois, les dogmes et les coutumes au regard décentré de l'Autre. Pour les lecteurs français, c'est peut-être l'un des chapitres les plus connus des *Essais*, car il s'agit d'un des premiers textes européens à prendre la mesure des bouleversements culturels produits par la découverte du Nouveau Monde. En Chine, en revanche, la situation est tout autre. La seule traduction partielle qui inclut « Des cannibales » est celle dont les chapitres ont été sélectionnés et illustrés par le peintre espagnol Salvador Dali. En d'autres termes, aucune des dix autres traductions partielles ne reprend ce chapitre. Cette négligence délibérée reflète les goûts d'un public chinois qui ne s'intéresse guère au relativisme culturel ou au problème de l'Autre. Plus important encore, la découverte du Nouveau Monde n'a pas eu d'impact immédiat sur l'histoire de la Chine.

Pour la plupart des lecteurs chinois qui n'ont ni le temps ni la patience de lire le texte intégral des *Essais*, les nombreuses traductions partielles constituent leur principal moyen de connaître Montaigne. Afin de répondre aux préférences des consommateurs potentiels, les traducteurs et les éditeurs se sont efforcés de rester proches du système de références du public chinois en réduisant le grand nombre de citations latines et les passages liés à l'histoire romaine et française et ainsi qu'en mettant l'accent sur un contenu « universel » plus pertinent pour la vie de tous les jours. Cela a facilité la diffusion des *Essais* de Montaigne en Chine et renforcé le visage de Montaigne en tant que maître du bien-vivre. Dans ce contexte, il n'est guère surprenant que des livres sur Montaigne destinés à un public plus large, tels que *How to Live, or a Life of Montaigne in One Question and Twenty Attempts at an Answer*[40] de Sarah Bakewell et *Un été avec Montaigne*[41] d'Antoine Compagnon, aient été rapidement traduits et largement diffusés en Chine, comme ce fut le cas selon Paul J. Smith[42] dans plusieurs autres pays.

40 Sarah Bakewell, *Yuedu Mengtian, shi weile shenghuo* [*Lire Montaigne, c'est pour vivre*], trad. Huang Yuwen, Taipei, Shangzhou chuban, 2012 ; Sarah Bakewell, *Mengtian biezhuan – "Zenmehuo" de ershisi zhong huida* [*Biographie supplémentaire de Montaigne – Vingt réponses à la question « Comment vivre ? »*], trad. Zhu Chenzhi, Pékin, Falv chubanshe, 2013.

41 Antoine Compagnon, *Yu mengtian gongdu de xiatian* [*Un été avec Montaigne*], trad. Liu Changjin, Shanghai, Huadong shifan daxue chubanshe, 2016.

42 Paul J. Smith, "Montaigne in the World", dans Philippe Desan (dir.), *The Oxford Handbook of Montaigne*, New York, Oxford University Press, 2016, p. 305.

En bref, pour les différents lecteurs chinois, Montaigne est un essayiste, un penseur ou un maître du bien-vivre. Aux yeux des spécialistes, Montaigne est surtout connu pour avoir été le pionnier du nouveau genre de l'« essai » et pour ses réflexions sur divers thèmes tels que la conscience de soi et le scepticisme. Mais pour le lecteur chinois moyen qui s'appuie sur des traductions partielles, Montaigne est plutôt un sage qui sait cultiver le bien-vivre et le sens du bien-être. Il convient de souligner que les *Essais* sont intrinsèquement colorés, complexes et ouverts à de multiples interprétations. Que l'on parle d'essayiste, de penseur ou de maître du bien-vivre, il s'agit d'une lecture sélective de Montaigne. Celle-ci suggère que différents groupes de personnes ont des préoccupations différentes à l'égard des *Essais* et que chacun peut en tirer ce qu'il veut. Cette lecture sélective est due à la fois aux différences culturelles entre la Chine et la France, ainsi qu'à des considérations commerciales telles que l'édition, la publication et la vente, ce qui montre la complexité de la lecture et de la réception transculturelles. Ces dernières années ont témoigné d'un intérêt croissant du public chinois pour Montaigne, avec la publication de la traduction intégrale des *Essais* de Ma Zhencheng en 2009, avec la réimpression révisée de la traduction collective des *Essais* (la version de la maison d'édition Yilin) en 2022, ainsi que la sortie d'un grand nombre de traductions partielles. Cet intérêt devrait inciter les chercheurs à poursuivre leurs travaux sur Montaigne et leur permettre de continuer à faire connaître aux Chinois la longue tradition des études montaignistes en Occident. Dans un avenir prévisible, ces trois visages de Montaigne en Chine continueront d'exister, se complétant et se renforçant mutuellement.

Ji Gao
Peking University

MONTAIGNE ET LA PÉDAGOGIE MODERNE EN CHINE

Si Michel de Montaigne, auteur inclassable dont le statut oscille entre le littérateur et le philosophe, a connu dans son propre pays des fortunes diverses selon le contexte historique, politique et social, il a eu en Chine une réception non seulement tardive et limitée, mais nettement contrastée. Uniquement considéré comme un pédagogue dans les dernières décennies du XIXe siècle, il a progressivement suscité un intérêt profondément différent, incitant à la découverte des multiples dimensions des *Essais*. Mais il faut admettre que tous les aspects des *Essais* n'ont jamais été restitués tout le long de leur réception. C'est parce que le texte de Montaigne commence à devenir accessible à son lectorat chinois, au seuil du XXe siècle[1]. On a connu seulement en 1930 la première traduction partielle de deux chapitres du Livre I, titrés « Du pedantisme » et « De l'institution des enfans », et cela réalisée par le pédagogue Lei Tongqun (雷通群, 1888-?) à partir des versions anglaise et notamment japonaise. Les idées présumées de Montaigne circulaient cependant déjà avant l'apparition de cette traduction. Il a fallu attendre plus de dix ans pour que la traduction du Livre I soit complétée de trente-trois autres chapitres sélectionnés par le poète Liang Zongdai (梁宗岱, 1903-1983). Les Livres II et III, ainsi que le reste du Livre I, ne connaîtront leur première version chinoise qu'en 1996. Ayant connu une introduction décousue, la pensée de Montaigne n'a pas encore été étudiée ni confrontée aux pensées chinoises dans tous ses plis, jusqu'à nos jours. Cependant, ses idées éducatives, qui suscitent l'intérêt des milieux intellectuels chinois avant toutes autres, ont connu un parcours relativement éclatant, faisant émerger Montaigne en tant que l'un des piliers occidentaux

1 Voir Gao Ji, « La réception de Montaigne en Chine », Philippe Desan (dir.), *Montaigne Studies*, Vol. XXVIII, n° 1-2, mars 2016, p. 164-188.

dans le domaine de la philosophie pour finir par l'inscrire dans une liste de pédagogues canoniques.

L'ÉTAPE JAPONAISE DANS LE VOYAGE DE MONTAIGNE EN CHINE

Le Japon est effectivement le tremplin pour le texte de Montaigne avant qu'il n'arrive en Chine, vu que Lei Tongqun s'appuie sur la version japonaise très richement annotée. Cela paraît d'autant plus juste que quasiment tous les textes chinois mentionnant Montaigne et ses idées suggèrent des références japonaises. En effet, des recueils des idées éducatives de Montaigne auraient circulé en Chine dès les années 1890, dans les pas des pédagogues japonais qui considéraient la pédagogie comme une discipline scientifique et celles proposées par les philosophes européens comme modèles. Ainsi donc sont parus des ouvrages qui présentent l'histoire de l'éducation européenne au Japon pendant ces dix dernières années du XIXe siècle. L'un des premiers ouvrages sur ce sujet est, en 1893, celui du pédagogue Nose Sakae (能勢榮, 1852-1895)[2], publié par une maison d'édition tokyoïte (金港堂). Cet ouvrage, *Histoire de l'éducation du Japon et de l'étranger* (内外教育史), est composé de deux tomes et présente l'histoire de l'éducation japonaise, de la Chine, et de l'Europe. Dans la partie consacrée à l'Europe qui constitue le tome II, l'auteur commence par l'éducation morale, intellectuelle, physique et esthétique dans les cités grecques. Ensuite, il rappelle qu'au Moyen Âge, l'Église seule n'instruisait qu'une partie minoritaire de la population, cependant que l'islam créait des « universités » en Orient. Puis, avec la Renaissance, les Temps modernes et le début de l'époque contemporaine, c'est le retour de l'esprit gréco-romain sans que l'éducation soit pour

2 Nose Sakae a fait des études au États-Unis dans les années 1870. Il occupera des postes de directeur d'écoles et d'universités. Les années 1870, le début de l'ère Meiji, ont témoigné d'une forte croissance dans l'intérêt pour l'éducation dite occidentale. Par rapport à la vie et aux idées pédagogiques de Nose Sakae et d'autres pédagogues japonais, voir Chen Ruoshui, *Notion de la justice et la culture chinoise* (公義觀念與中國文化), Linking Publishing, Xinbei, Taipei, 2020, chapitre 3 « Question d'éthique sociale dans la tendance idéologique et l'éducation au Japon » (日本近代思潮與教育中的社會倫理問題).

autant accessible à tout le monde. De grands penseurs, comme Michel de Montaigne, Comenius, John Locke, Jean-Jacques Rousseau, Johann Heinrich Pestalozzi, Friedrich Fröbel, Herbert Spencer et Johann Friedrich Herbart s'intéressent de très près à l'éducation[3]. Cette liste sera à l'origine d'une construction d'un canon pédagogique européenne en Chine.

Le tome II de Nose est traduit par le pédagogue chinois Ye Han (叶瀚, 1861-1936), sous le titre de *L'Histoire de l'éducation en Occident* (泰西教育史), et publié pour la première fois en 1901 par le Bureau de traduction Jin Su Zhai (金粟斋译书处)[4], et réédité dès 1902 par l'Édition Wen Ming de Pékin (京都文明书庄). Ayant fait des études au Japon et étant très engagé dans les mouvements réformateurs en vue d'extraire la Chine de l'assujettissement des puissances internationales, Ye Han exerce une influence considérable dans le domaine de l'éducation. En 1895, il avait créé à Shanghaï avec Wang Kangnian (汪康年) le *Journal de l'éducation des enfants* (蒙学报), et en 1902 l'*Association de l'éducation de la Chine* (中国教育会) avec Cai Yuanpei (蔡元培) et Zhang Taiyan (章太炎), deux figures de proue des mouvements politiques et sociaux de l'époque[5].

D'autres japonisants chinois succèdent à l'entreprise de Ye Han en traduisant des textes japonais qui présentent le « savoir occidental » de façon synthétique. C'est le cas du *Tai Xi Xue An* (*Études de cas occidentaux*, 泰西学案)[6] par exemple. En juillet 1903, Wang Lan (王阑) et Zhou Liu (周流), dont nous savons peu de choses, publient le *Tai Xi Xue An* chez *Ming Quan She* (明权社), éditeur shanghaïen connu pour ses publications dans le domaine de l'histoire. Le texte est imprimé en

3 Voir Nose Sakae, *Histoire de l'éducation au Japon et à l'étranger* (内外教育史), 金港堂, Tokyo, 1893. Voir le site de la Bibliothèque nationale de la Diète du Japon pour le texte intégral numérisé : https://dl.ndl.go.jp/info:ndljp/pid/809544?contentNo=6.

4 Ce bureau de traduction est fondé à Shanghaï en 1900 par Kuai Liqing (蒯礼卿, 1857-1911, haut fonctionnaire et pédagogue). Il a disparu en 1902 après seulement deux ans d'activités.

5 Voir Lin Lujian (dir.), *Dictionnaire des personnages de Zhejiang sous la République de Chine* (浙江民国人物大辞典), Zhejiang University Press, Hangzhou, 2013, ressources en ligne, https://xuewen.cnki.net/read-R2013091280000411.html.

6 Le *xue an* est un genre de texte qui raconte une histoire spécifique sur la base de cas individuels. La traduction littérale de ce mot serait « études de cas ». Il est apparu vers la fin du XVIe siècle, et popularisé au cours du XVIIe siècle par les néo-confucianistes. Voir Hung-Lam Chu, « Confucian 'Case Learning' : The Genre of Xue An Writings », Charlotte Furth, Judith T. Zeitlin et Ping-chen Hsiung (éd.), *Thinking with Cases, Specialist Knowledge in Chinese Cultural History*, University of Hawai'i Press, Honolulu, 2007, p. 244-245.

juin au Japon dans une imprimerie tokyoïte, et distribué vingt jours plus tard en Chine[7]. L'origine de ce texte reste une énigme car les sources de ses auteurs ne sont précisées nulle part. Nous ignorons s'il s'agit d'un texte intégralement ou partiellement traduit d'une autre langue, probablement du japonais, notamment du texte de Nose Sakae, ou d'un texte hybride composé de traductions, et de développements originaux. Mais le concept de droit d'auteur ne semble pas être la priorité des intellectuels de l'époque. C'est la finalité qui les préoccupe davantage. La préface le prouve :

> Une nation ne peut pas prospérer sans l'éducation, de même qu'un être humain ne peut pas exister sans être éduqué. L'Europe et l'Asie sont maintenant entrées en relations étroites, et la culture occidentale s'est répandue vers l'est. Plongé dans les ténèbres depuis des milliers d'années, le monde lettré de notre patrie connaît enfin le scintillement de la lumière qui brille au-dessus de l'est de l'Asie. Comment contempler les montagnes sans gravir un sommet de dix mille mètres, et les grosses vagues sans partir au large ? Comment connaître les savoirs, examiner les différences et les similitudes entre les savoirs anciens et modernes, et discerner les différentes écoles, sans remonter à l'origine du savoir européen et américain ? Voilà la raison pour laquelle, nous qui faisons des études au Japon, rédigeons ce *Tai Xi Xue An*[8].

Les auteurs vont ensuite produire quatre listes d'auteurs dans différentes disciplines : philosophie, pédagogie, sciences politiques et économie. Montaigne étant envisagé uniquement comme pédagogue, on ne s'intéresse qu'à la liste des pédagogues. Il est en effet considéré comme le pédagogue charnière entre Platon, Aristote, et ceux qui ont été cités par Nose Sakae, sans bénéficier d'ailleurs d'un statut privilégié, puisque ce sont les pédagogues du XIXe siècle qui reçoivent plus de lumière.

---

7 Beaucoup d'ouvrages japonais sont traduits et imprimés sur place et ensuite vendus en Chine, du fait du nombre considérable d'étudiants chinois dans l'archipel et la technique d'impression chinoise moins performante que celle du Japon. Voir Wang Yangzong, « L'échange des livres scientifiques entre la Chine et le Japon du milieu du XIXe siècle à 1911 » (1850 年代至 1910 年中国与日本之间科学书籍的交流述略), *Journal de l'Institut de l'échange entre l'Occident et l'Asie de l'Université Kansai* (関西大学東西 学術研究所紀要), Kansai University Institutional Respository, mars 2000, p. 146.

8 Wang Lan, *Tai Xi Xue An* (泰西学案), Ming Quan She, Shanghaï, 1903, préface, p. 1. : « 国非学不兴，人非学不立。欧亚大通，西学东渐。我祖国数千年学界之黑暗，至今日而奇光异彩始大放照 于亚东大陆乎。虽然不登万丈之峰，不足高挹群山也，不泛汪洋之海，不足横览洪涛也。不求欧美学术之渊源，不足以通各种之学问也，不考古今学说之异同，不足以辨各种之学派也。此留东诸君所以有泰西学案之编辑也 ».

L'« étude de cas » consacrée à Montaigne commence par présenter l'homme et son œuvre. Voici un extrait en chinois qui trouve sa version japonaise quasiment identique, suivi par la traduction française :

> 氏为有名之著述家，其文集爱沙衙者，以笔记汎论百事。文体平易，而论辩卓越自由，洞见真理，炳烛先见。以是欧洲各国，争以本国文译之。盖印行八九十次矣。所论皆指摘当时教育之缺典。而昌言正当教育之法，以救其失。然当氏存时，无愿及此书，亦无服其卓见新说者。若以其教育法用之实际，则当时更无一人矣[9]。

> 氏は、有名なる著述家なり、其の文集（Essay）は随筆の如き體裁にして、百科の事を論さたるが。文體平易にして、論辯卓越、自由自在に其の思想を陳述し、真理を洞見し、先見を表したり。是を以て歐洲各國に於て、其の國語に翻譯せちれ、凡八九十回の出版に遇へり。書中の論は重に當時の教育法の缺點を指摘し、真正なる教育法は如何なる者りせさ、云ふ事を世人に表示しなり。然れさら氏の存生中には、此の書を顧る者きなく、其の卓見新說に感服する者らなく。況せ其の教育法を實地に應用る者さしは、一人らなかりき[10]。

> « Montaigne est un écrivain très connu. Son recueil de textes, les *Essais*, aborde toutes sortes de sujets sous forme de notes. Sa plume est sobre et son discours libre et remarquable. Clairvoyant et visionnaire, il discerne la vérité. Les pays européens le traduiront tous dans leur langue. Son ouvrage est ainsi édité à quatre-vingts ou quatre-vingt-dix reprises. Les critiques de Montaigne portent surtout sur les défauts de l'éducation de son époque et il propose une juste méthode pour les corriger. Or, les contemporains de Montaigne n'y ont pas prêté attention de son vivant, et n'ont pas fait l'éloge de cette nouvelle et excellente méthode. De plus, personne n'a jamais appliqué sa pédagogie. »

La fidélité de la version chinoise vis-à-vis de la version japonaise suggère une filiation entre l'*Histoire de l'éducation du Japon et de l'étranger* de Nose Sakae et le *Tai Xi Xue An* de Wang Man et Zhou Liu. Il existe cependant une différence majeure entre les deux versions : selon la version japonaise, « 書中の論は重に當時の教育法の缺點を指摘し » (les critiques de Montaigne portent surtout sur les défauts de l'éducation de son époque), alors que la version chinoise prétend que « 所论皆指摘当时教育之缺典 » (toutes les critiques de Montaigne portent sur les défauts de l'éducation de son époque). Il s'agit peut-être d'une inattention de la part du traducteur chinois, mais si le « recueil

9 Wang Lan, *Tai Xi Xue An* (泰西学案), Ming Quan She, Shanghaï, 1903, p. 120.

10 Nose Sakae, *Histoire de l'éducation au Japon et à l'étranger* (内外教育史), 金港堂, Tokyo, 1893, p. 290-291.

de textes » « aborde toutes sortes de sujets sous forme de notes », il est donc illogique qu'il n'aborde pas d'autres sujets que l'éducation. Faute probablement de pratiquer une lecture directe de l'œuvre, le traducteur chinois fait inconsciemment de l'éducation le sujet central, voire l'unique sujet des *Essais*. Cette idée préconçue de l'œuvre de Montaigne justifie donc la place de premier plan qu'occupe Montaigne dans les rangs des pédagogues autour de 1900 en Chine.

Le texte japonais prétend ensuite que les *Essais* de Montaigne ont été chaleureusement reçus de son vivant par toute l'Europe, tout en affirmant que ses méthodes pédagogiques ont été méconnues. On sait que Montaigne lui-même a connu cinq éditions de son vivant et ses premières traductions en 1585 aux Pays-Bas et en 1590 en Italie, sans compter les contrefaçons. Ajoutons que la première version anglaise de John Florio est parue en 1603, onze ans après la mort de Montaigne. En soulignant que sa « juste méthode » n'était pas partagée par ses contemporains, l'auteur japonais tend à faire de Montaigne un pédagogue qui devance son temps, faisant ainsi de lui le premier pédagogue des temps modernes.

Cette vague de traduction des textes japonais sur l'histoire de l'éducation occidentale va se poursuivre. En 1906, le Bureau de l'éducation de la province de Jiangsu (à l'est de Chine) publie un manuel sur ce sujet traduit par Sun Jiashu (孙家树)[11]. Il s'agit d'une traduction remaniée à partir d'un cycle de cours donné par le pédagogue japonais Masu Tsuruyoshi (増戸鶴吉) à Tokyo[12]. Ce manuel reprend presque la même chronologie et la même liste des pédagogues que l'ouvrage de Nose Sakae, avec Montaigne donné comme le premier pédagogue moderne.

11 Du Chengxian, Cui Yunwu et Wang Lunxin, *Les quatre-vingt-dix ans de l'histoire de l'éducation en Chine* (中国教育史学九十年), Hua Dong Shi Fan Da Xue Chu Ban She, Shanghaï, 1998, p. 5-6.

12 La cour impériale mandchoue a envoyé quatre mandarins au Japon entre 1903 et 1907. Tous les quatre ont tenu des journaux de « voyage d'observation ». L'un d'eux a enregistré dans son journal sa rencontre avec Masu Tsuruyoshi à Tokyo le 1er juillet 1905, qui donnait un cours sur le système d'éducation dans les universités japonaises. Voir Yang Fu, *Récit des mille jours au Japon* (扶桑十旬记), Feng Huang Chu Ban She, Nanjing, 2014.

L'IDÉE UNANIME QUI CONSIDÈRE MONTAIGNE COMME PREMIER PÉDAGOGUE MODERNE

L'influence qu'exercent ces livres de vulgarisation sur les lettrés chinois est considérable. Dès 1902, on s'aperçoit que les autorités chinoises accordent une place au « savoir occidental ». En cette année, dans l'examen régional de Zhejiang (région située à l'est de Chine)[13], les candidats retrouvent devant un sujet, parmi d'autres, sur l'éducation :

> Quels ont été les principaux courants de la pensée de la Grèce antique ? Comment l'école a-t-elle prospéré et décliné ? Parmi les grands pédagogues, quels sont les plus remarquables ? Quels sont les meilleurs concepts éducatifs ? Pour introduire de bonnes méthodes pédagogiques et réinventer un système scolaire, que feriez-vous[14] ?

Il s'agit donc d'un sujet composé de cinq questions autour de la genèse de la pensée occidentale, de sa transmission grâce à l'éducation, des pédagogues qui contribuent au maintien et à l'amélioration de celle-ci, et de la possible greffe de l'éducation occidentale en Chine. Cent cinq candidats sont parvenus jusqu'à ce stade et ont donc participé à cette épreuve. Malheureusement, leurs copies n'ont pas toutes été gardées. Seulement quarante-quatre copies sont conservées dans la *Compilation des feuilles d'examen de la dynastie Qing* (清代硃卷集成)[15], réalisée sous la direction de l'historien du livre et l'ancien directeur de la bibliothèque

13 Il s'agit du niveau II du concours impérial inventé au VIIe siècle pour sélectionner les fonctionnaires d'État. Le concours impérial comprend trois niveaux : préfectoral (院试), régional (乡试) et national (会试). La réussite dans l'examen régional, qui a lieu tous les trois ans, sauf circonstance exceptionnelle, représente une étape importante dans l'ascension sociale du candidat et lui procure des privilèges fiscaux et bien sûr du prestige.

14 Gu Tinglong (dir.), *Compilation des feuilles d'examen de la dynastie Qing* (清代硃卷集成), Cheng Wen Chu Ban She, Taipei, 1992, vol. 294, p. 81 : « 西国学术导源希腊，其流派若何？学校兴废若何？教育名家孰为最著？宗旨孰优？方今博采良法厘定学制，试陈劝学之策 ».

15 Composé de 420 volumes, ce document regroupe plus de huit mille copies des examens impériaux du règne de l'empereur Kangxi (1661-1722) à 1904. Il est fondé sur la collection de la bibliothèque Hezhong de Shanghaï (上海合众图书馆) de la fin des années trente. Il est enrichi au fur et à mesure dans les années suivantes. Nous nous référons ici à la première et seule édition publiée en 1992 à Taipei, dirigée par Gu Tinglong (顾廷龙).

de Shanghaï Gu Tinglong (顾廷龙, 1904-1998). Sur ces quarante-quatre copies, vingt et une, soit près de la moitié, évoquent Montaigne.

Un dénommé Liu Kun (刘焜, 1867-1931) a décroché la première place de cet examen régional avec ce commentaire : « esprit brillant et paroles de haute stature » (英思伟论)[16]. Sous l'empereur Guangxu (光绪, 1875-1908), il réussira également l'année suivante l'examen final du concours impérial. Il gravira tous les échelons de l'administration et restera même en poste après la fondation de la République de Chine en 1912[17]. Comme toute sa carrière se déroulera au sein du ministère de l'éducation, il est un témoin privilégié des vicissitudes de l'éducation chinoise pendant les premières décennies du XXe siècle.

Sa copie, particulièrement appréciée du jury, peut constituer une sorte de modèle. Notons en préambule que Liu a bien compris l'enjeu politique du sujet : il compose sa dissertation en répondant à chaque question et souligne à chaque fois le lien entre l'évolution de l'éducation et la montée de la puissance européenne. Il légitime ainsi la nécessité de l'apprentissage de la pensée occidentale dont l'origine remonte à l'Antiquité grecque, et fait un résumé de l'éducation grecque en distinguant deux écoles : l'école athénienne et l'école spartiate :

> Les écoles philosophiques donnèrent naissance à différentes écoles pédagogiques dont deux se distinguèrent : l'une fut l'éducation spartiate, l'autre athénienne. Le législateur de la cité de Sparte, Lycurgue, envisagea l'éducation sous trois aspects : physique, intellectuel et moral. Mais dans l'ensemble, l'éducation spartiate était fondée surtout sur le développement du corps et donna la priorité aux arts martiaux. Solon, qui instaura l'éducation d'Athènes, divisa l'éducation en deux niveaux : l'éducation des enfants et l'éducation esthétique. Ce régime eut pour but de cultiver l'esprit et façonner le tempérament, il favorisa les lettres[18].

Pour Liu, les pédagogues postérieurs découlent nécessairement des deux écoles grecques :

---

16 Gu Tinglong (dir.), *op. cit.*, vol. 294, p. 57.

17 Liu Chen, « Liu Kun en 1902 et l'éducation esthétique » (1902 年刘焜与"美育"), dans : *Journal of Aesthetic Education* (美育史料), n° 3, 2018, p. 8.

18 Gu Tinglong (dir.), *op. cit.*, vol. 294, p. 79-80. : « 考其支系，厥为二宗：一为斯巴达之教育，一为雅典之教育。斯巴达立宪于法官来库古，其教分为三等，一曰体育，二曰智育，三曰德育，而大致以志力雄壮身体坚强为主，其宗旨尚武。雅典定课于梭伦，其教分两级，一曰儿童教育，二曰美育，而大致以陶冶性灵，丽饰气体为主，其宗旨尚文 ».

> Nombreux sont les sages anciens, tels Thalès et Démocrite, qui créèrent chacun une école sans être d'accord l'un avec l'autre. Les trois sages qui contribuèrent le plus dans l'éducation en Grèce antique furent Socrate, Platon et Aristote. Socrate douta et analysa. Platon expliqua la religion et cultiva l'éthique. Aristote préconisa l'exercice corporel et la musique, développa l'intelligence. Désormais apparurent Luther, Calvin et Melanchthon. Quintilien maîtrisa la persuasion, et Saint Benoît imposa l'austérité. Chacun eut son esprit et exerça sa force. À l'époque moderne, les personnes illustres, telle que Montaigne en France, Comenius en Autriche, Locke en Angleterre, Rousseau en Suisse, sont tous tributaires des deux écoles grecques[19].

Liu n'inclut pas Montaigne dans une des deux écoles. Toutefois, il exprime ensuite sa préférence vis-à-vis de l'école spartiate : « En Orient, les systèmes éducatifs du Japon et de la Russie sont proches de celui de Sparte. En Chine ce système est proche de celui d'Athènes. Les résultats sont différents, et nous pouvons ainsi voir quel système est le meilleur[20] ».

Vingt autres copies ont mentionné Montaigne, soit juste en le nommant soit en faisant une référence succincte à sa pédagogie. Le candidat Sun Zusui (孙祖燧) par exemple, reprend juste la même liste de pédagogues :

> La pédagogie fleurit à partir du XVIe siècle. Jusqu'au XIXe siècle, elle se développa encore jusqu'à atteindre la perfection. Par exemple, Montaigne en France, Comenius en Autriche, Locke en Angleterre, Rousseau et Pestalozzi en Suisse, Fröbel et Herbart en Allemagne, Spencer en Angleterre[21]…

Wu Huiren (武会任) inscrit aussi les pédagogues qu'il cite dans la double lignée d'Athènes et de Sparte :

---

19 Gu Tinglong (dir.), *op. cit.*, vol. 294, p. 81-82. : « 古时名贤，如德拉吉德谟吉之徒，入主出奴，各自为派，不可枚举。举其教育之最著者，于希腊上古时代，得三人焉。曰苏格拉第，曰柏拉图，曰亚理斯大德。苏格拉第以设疑问，善剖晰为宗旨。柏拉图以明宗教养人伦为宗旨。亚理斯大德以体操音乐发达知力为宗旨。自是以后，如路德，如嘉尔文，如美兰其松，如郭英迭利安之善于劝，如培那第克达之主于严。皆各具热力，独有精神。至于近代，若法之毛塔奇尼氏，奥之廓美纽司氏，英之陆克氏，瑞士之卢索氏，皆卓卓者，而大要不出希腊之两派 ».

20 Gu Tinglong (dir.), *op. cit.*, vol. 294, p. 82. : « 就东方而论，日本俄罗斯，近于斯巴达者也，中国近于雅典者也，而强弱之判若此，则其优绌之旨，可得而悟也 »

21 *Ibid.*, vol. 299, p. 21. « 以观教育之法，自十六世纪加以讨论，乃渐昌明。至十九世纪，更加变通，始臻美。备若毛塔耶尼之兴于法，廓美纽司之兴于奥，陆克之兴于英，以及瑞士之卢索，裴斯塔若藉，德之佛罗卜尔，显露柏罗都，英之斯宾塞尔…… ».

> Spencer en Angleterre, Montaigne en France, Fröbel en Allemagne, Pestalozzi en Suisse, Comenius en Autriche, ils furent des personnages remarquables. Ils se sont précipités à réformer l'éducation en ne s'inspirant pas d'une seule école de pensée. Certains se sont imprégnés du parfum de Sparte, d'autres de celui d'Athènes. Ils ont honoré le nom de leurs familles et ont répandu leur prestige dans le monde[22]...

En dehors d'une liste des pédagogues, les candidats tentent d'établir une hiérarchie selon les idées éducatives de chacun. Certains préconisent Montaigne, d'autres font plutôt l'éloge de Spencer avec ses idées évolutionnistes. C'est le cas de Liang Xizan (梁锡赞) :

> La puissance et la richesse des pays de l'Occident se fondent sur l'école. Parmi les pédagogues les plus renommés, on trouve Montaigne en France, Fröbel en Allemagne, Comenius en Autriche, Locke en Angleterre. Ces quatre personnes expliquent les doutes et éclairent les esprits, abandonnent le superficiel et prônent le pratique, moulent le temps moderne sur le temps ancien. Ce sont les premiers qui inventent les théories qui leur permettent de devenir les maîtres des pédagogues des temps modernes[23].

Et de Jin Zhaofeng (金兆丰) :

> À partir du XVIe siècle, l'Italie prospère, et les pédagogues foisonnent. C'est l'une des clés du développement du savoir occidental. À l'époque, il y avait Montaigne, Comenius, Locke, Rousseau, Pestalozzi, Fröbel, Spencer et Herbart [...] Mais celui dont le principe est le meilleur est Spencer. Ce dernier prône la théorie de l'évolution et de la sélection naturelle[24].

À travers ces copies du concours impérial, qui révèle l'attitude officiel de la Chine vis-à-vis du « savoir occidental », la place de Montaigne est désormais fixée à la tête de la lignée des pédagogues modernes. Néanmoins, faute d'accès direct au texte de Montaigne, des candidats

22 *Ibid.*, vol. 299. p. 324. « 起废疾，箴膏肓，老宿重兴，大道重光。英之斯宾塞尔、法之毛塔耶尼、德之佛罗卜尔、瑞士之裴斯塔若藉、奥之廓美纽司，其章章者也。咸秉秀灵争为改良教育宗旨，不专画一。或爇斯巴达之馨香，或轨雅典之康庄，以名其家，以著于世 ».

23 *Ibid.*, vol. 299, p. 301. « 西国富强，大都以学校为基础，其教育名家之最著者，法有毛塔奇尼，德有佛罗卜尔，奥有廓美纽司，英有陆克，此四君者，析疑而开化，黜虚而崇实，镕古而铸今。提倡先声，卓然为当代教育家之大领袖 ».

24 *Ibid.*, vol. 298, p. 44. : « 十六世纪后，意大利崛兴，教育家勃起，(......)，实为西国兴学一大关键。时则有毛塔耶尼氏、廓美纽司氏、陆克氏、卢索氏、裴司塔若藉氏、佛罗刹尔氏、斯宾塞尔氏、显露柏罗都氏。（......）然其宗旨之最优者，僉指屈斯宾塞尔氏者，以天演自然言化也（......） ».

peuvent attribuer à Montaigne des idées éducatives discutables. Si pour Tong Xiemei (童燮梅), « Montaigne interdit l'inculcation[25] », selon Yu Fengshao (俞凤韶), Montaigne est un partisan de l'éducation spartiate :

> Montaigne considère l'éducation telle qu'elle était conçue à Sparte comme un objectif à atteindre et préconise une éducation intellectuelle et morale équilibrée, sans la fonder uniquement sur le savoir. C'est le précurseur des réformistes de l'éducation[26].

Yu Zhenqi (虞震祺), sans parler de la cité lacédémonienne, soutient la thèse selon laquelle Montaigne est le meilleur représentant de l'éducation physique, morale et intellectuelle : « Chaque époque a ses pédagogues renommés. Nous ne pouvons parler de tous. Mais les plus renommés sont Montaigne qui s'appliqua à l'éducation morale, intellectuelle et sportive[27] ».

Un lecteur vigilant pourrait être étonné de ce que Montaigne soit présenté comme pédagogue, voire le partisan moderne de l'éducation spartiate. Mais la première question de la philosophie, en quelque sorte, est l'éducation de l'homme. En Europe, Montaigne pédagogue a été reconnu comme tel par François Guizot dans ses *Annales de l'Éducation* (1811-1813) et depuis, « tous les historiens de l'éducation se sont accordés à saluer dans Montaigne un des pères de la pédagogie[28] ».

Les copies des candidats du concours impérial ont permis d'avoir une idée sur les connaissances générales des lettrés chinois sur l'histoire européenne entre la fin du XIXe siècle et le début du XXe siècle, même si leurs connaissances proviennent de sources très limitées, et révèlent seulement ce qui est enseigné à l'école et mis au programme du concours. Il apparaît donc que par la médiation de la pédagogie, Montaigne est enfin entré dans l'horizon intellectuel de la Chine à partir du début du XXe siècle, même si cela s'est réalisé de façon parfois bien maladroite et fragmentaire.

---

25 *Ibid.*, vol. 295, p. 393. « 毛塔耶尼之宗旨，在禁其强灌 ».

26 *Ibid.*, vol. 295, p. 202. « 毛塔耶尼以斯巴达为标的，主发育才德，不仅尚知识，为改良家之前锋 ».

27 *Ibid.*, vol. 297, p. 144. « 若夫教育名家，代有其人，不能殚述。而其最著者有如毛塔耶尼氏，则从事于德育、智育、体育也 ».

28 Gabriel Compayré, « Montaigne », dans Ferdinand Buisson, *Nouveau dictionnaire de pédagogie et d'instruction primaire*, Hachette, Paris, 1911, p. 1338. Cité par Bernard Jolibert, *Montaigne : l'éducation humaniste*, L'Harmattan, Paris, 2009, p. 9.

LA *MÉTHODE MONTAIGNIENNE DE L'ÉDUCATION DES ENFANTS*

Durant les années qui suivent ce premier essor des textes mentionnant Montaigne, d'autres aspects de son œuvre sont progressivement dévoilés, notamment ses aspects littéraires et philosophiques. Mais la pédagogie de Montaigne ne tombe pas pour autant dans l'oubli. La première traduction des *Essais* est réalisée par le pédagogue chinois Lei Tongqun (雷通群, 1888- ?)[29]. En 1930, il publie *La Méthode montaignienne de l'éducation des enfants* (孟氏幼稚教育法), qui regroupe deux chapitres du Livre I des *Essais* : « Du pedantisme » et « Des institutions des enfants[30] » et une introduction sur la vie et l'œuvre de Montaigne. La traduction chinoise présente deux préfaces : la première du traducteur lui-même, la seconde du pédagogue Qiu Chun (邱椿, 1897-1966). Lei Tongqun précise dans sa préface qu'il n'existe pas encore de version chinoise directement traduite du texte français. C'est à partir des versions japonaise et anglaise qu'il a réalisé la traduction :

> Les *Essais* de Montaigne sont très nombreux, et aucune traduction n'a été faite à partir du texte français. Il existe la traduction anglaise de Charles Cotton. Malheureusement, il n'y a pas de commentaire dans cette version. Récemment est parue la version japonaise de Tsuji Saizaburo. Bien qu'il n'ait traduit que 'De l'institution des enfans' et 'Du pedantisme', la quintessence de la pensée pédagogique de Montaigne y est reproduite. D'ailleurs, l'auteur japonais a consulté les autres livres concernés, a raconté en détail la vie de Montaigne

29 Né à Canton, Lei Tongqun a d'abord étudié l'anglais à l'École normale supérieure de Tokyo au début du XXe siècle. Après avoir obtenu le diplôme japonais, il part pour les États-Unis étudier où il soutient un master en pédagogie avant de retourner à Pékin enseigner à l'université dans les années vingt. En 1930, Il est embauché comme enseignant de la faculté de la science de l'éducation à l'Université de Xiamen, dans le Sud-est de Chine. Deux ans plus tard, il propose à l'Université Sun-Yat-sen des cours de sociologie de l'éducation, d'histoire de l'éducation, etc. Voir Xiao Lang et Xu Liuying, « Lei Tongqun et les premiers essais de la 'sinisation' de la sociologie de l'éducation » (雷通群与教育社会学"中国化"的早期尝试), *Journal of South china Normal University* (Social Science Edition) (华南师范大学学报，社会科学版), N° 3, 2011, p. 48-49. L'Université de Xiamen et l'Université Sun-Yat-sen se trouvaient à l'époque au centre de la recherche sur la pédagogie et sur l'éducation.

30 Lei Tongqun, *La Méthode montaignienne de l'éducation des enfants* (孟氏幼稚教育法), Shang Hai Shang Wu Yin Shu Guan (Presse commerciale de Shanghaï), Shanghaï, 1930.

> et sa place dans l'histoire intellectuelle, et rajouté des commentaires raffinés. [...] je retraduis donc Montaigne depuis le texte japonais en me référant à la traduction anglaise[31]....

Le traducteur japonais Tsuji Saizaburo (辻幸三郎, 1888-1965)[32] est à l'origine de la composition d'un livre sur la méthode pédagogique de Montaigne, complété par une présentation de la vie de Montaigne. Nés la même année, Lei et Tsuji travaillent dans les mêmes domaines, celui-ci ayant un temps d'avance sur celui-là. D'abord, en ce qui concerne la science de l'éducation, Tsuji publie son ouvrage théorique intitulé *Philosophie de l'éducation* (教育哲学) dès 1924, lorsque que cette discipline avait déjà fait l'objet d'études dans le milieu intellectuel japonais[33]. Une partie de ses recherches porte principalement sur les pensées pédagogiques de Jean-Jacques Rousseau et de John Locke[34]. La parenté entre la pensée pédagogique de Montaigne et celles de Locke et de Rousseau est énoncée et étudiée par Tsuji en 1927 dans un article qu'il publie dans la revue japonaise *Science de la psychologie* (精神科学)[35]. Tsuji est probablement le seul chercheur japonais à avoir mené des recherches sur ce sujet à son

31 Voir Lei Tongqun, *La Méthode montaignienne de l'éducation des enfants*, *Ibid.*, « préface du traducteur », p. 1-2. : « 孟氏原著论文集 (Essais de Montaigne), 篇数浩繁，我国未有从法文中译出者。英文则有 Charles Cotton 之译本，可惜其中无批评。最近日文中有辻幸三郎之译本，虽单译论文集中幼稚教育论及玄学论两篇，而已赅孟氏教育思想之精华；且译本中复参考诸种关系书籍，详述孟氏生涯及其在思想之位置，复加入精细评语。（……）故亟从日文重译，并参阅英译本（……） ».

32 Voir la notice qui lui a été consacrée à la bibliothèque nationale du Parlement du Japon (国立国会図書館) : https://id.ndl.go.jp/auth/ndlna/00087284. Par ailleurs, on peut trouver une deuxième transcription de son prénom : Kôzaburô. Voir Saito Hironobu, « La réception de Montaigne au Japon », Philippe Desan (dir.), *Montaigne Studies*, vol. VII, 1995, p. 222, note 4.

33 La philosophie de l'éducation s'est développée dès la fin du XIXe siècle au Japon. Plusieurs ouvrages qui mènent des réflexions là-dessus ont paru avant celui de Tsuji. Voir Takaya Yamazaki, « Japanese Philosophy of Education in the 20th Century » (20 世紀日本における教育哲学), *Mémento de la recherche sur la philosophie de l'éducation de l'Université de Kyoto* (京都大学大学院教育学研究科紀要), 2002, p. 23-38.

34 Ne maîtrisant pas le japonais, je suis incapable d'approfondir ma recherche autour de Tsuji Saizaburo. Ce que j'ai pu savoir, c'est qu'il a travaillé sur les « rapports entre la pensée pédagogique de Montaigne et celle de Locke et de Rousseau », cité par Kiyoji Kisaki, « Jean-Jacques Rousseau au Japon (1876-1983) – Bibliographie chronologique », *Kyoto University Economic Review*, Vol. 58, n° 1 (124), avril 1988, p. 42.

35 Tsuji Saizaburo, « La pensée pédagogique de Montaigne, sa relation avec Locke et Rousseau » (ソテーニュの教育思想とロック，　ルソーの其れとの聯關に就いて), *Science de la psychologie* (精神科学), Vol. 3, N° 4, 1927, p. 679-770.

époque et il a encore longtemps été le seul[36]. C'est en 1928 qu'il publie chez l'éditeur Meguro-Shoten (目黒書店), sous le titre *De l'éducation des enfants* (児童教育論)[37] la traduction des textes de Montaigne.

Comparée aux traductions (notamment celles dont s'étaient inspirés les candidats au concours de 1902) qui, jusqu'alors, citaient des fragments des idées éducatives de Montaigne, la *Méthode montaignienne de l'éducation des enfants* est une traduction complète des chapitres 24 et 25 du Livre I des *Essais*. Elle présente pour la première fois intégralement les conceptions de Montaigne en matière de pédagogie. Il s'agit donc là d'un extrait de son œuvre, mais qui forme un tout, ce que Tsuji, suivi en cela par Lei, a rendu en numérotant chacun des paragraphes de sa traduction qui correspondait à un principe ou à un concept en matière de pédagogie, en sorte que le nombre de paragraphes se décompte ainsi : quinze dans les deux versions de « Du pedantisme » et cinquante dans le texte japonais « De l'institution des enfans » mais quarante-neuf dans le texte chinois, lequel, et cela nous semble fondamental, n'est pas du tout considéré comme un traité sur l'éducation, mais plutôt comme un amalgame d'idées éducatives, sans ligne directrice.

Tsuji et Lei cherchent tous les deux à mettre à la disposition du lecteur des idées utiles pour éduquer les enfants. Si Tsuji se rend compte de la difficulté de rendre le style de Montaigne en japonais, Lei ne se soucie guère de l'aspect littéraire. Cela est justifié par une traduction infidèle :

> Si j'estoffois l'un de mes discours de ces riches despouilles, il esclaireroit par trop la bestise des autres[38].

La traduction japonaise :

36 Apparemment, jusqu'en 1979, il n'y a pas d'autres études menées au Japon sur ce sujet. Voir Akira Sakairi, « In Pursuit of the Origin of J. J. Rouseau's Educational Thought - Concentrating on his Relations to Montaigne » (ルソー教育思想の先駆者を求めて - モンテーニュとの関係を中心として), *Mémento de la recherche de la Tokyo Kasei University* (東京家政大学研究紀要), Vol. 19, 1979, p. 1-8, note 2.

37 Cet ouvrage est le septième volume d'un recueil intitulé *Sélection des pensées éducatives essentielles* (教育思想精華選). Contenant neuf volumes publiés entre 1924 et 1932, ce recueil est un ouvrage de vulgarisation dans les sciences de l'éducation, l'histoire de l'éducation, et la pensée éducative occidentale.

38 Michel de Montaigne, *Les Essais*, éd. Jean Balsamo, Michel Magnien et Catherine Magnien-Simonin, Gallimard, Paris, « Bibliothèque de la Pléiade », 2007, Livre I, 25, p. 152.

> 若し私が此等の豐富な獲物を以て私の論文の一つを飾るならば大いに人々の蒙を啓くであらう[39]。

La traduction chinoise :

> 苟以此丰富的作品，以饰吾之论文，则大可以启发世间之愚蒙[40]。

Si l'on traduit la version chinoise en français, cela donnera : « Si je décorais ma dissertation avec une œuvre aussi riche, cela éclairerait la bêtise et l'ignorance du monde », et la traduction japonaise : « Si j'agrémentais un de mes articles de ces richesses, cela éclairerait grandement les gens ». Mais Montaigne n'a pas la prétention d'illuminer le monde. C'est même le contraire qu'il veut exprimer : c'est en voulant montrer son esprit brillant grâce à des emprunts à des auteurs de qualité que l'on paraît bête. Par ce détour de sens, Tsuji fait jouer le rôle du bon éducateur à Montaigne, et malgré lui, Lei fait de même.

Cette volonté moralisante que les traducteurs prêtent à Montaigne se manifeste dans la traduction d'un autre passage. Voici le texte original :

> Que sa conscience et sa vertu reluisent en son parler, et n'ayent que la raison pour conduite. Qu'on luy face entendre, que de confesser la faute qu'il descouvrira en son propre discours, encore qu'elle ne soit apperceuë que par luy, c'est un effet de jugement et de sincerité, qui sont les principales parties qu'il cherche. Que l'opiniatrer et contester, sont qualitez communes : plus apparentes aux plus basses ames. Que se r'adviser et se corriger, abandonner un mauvais party, sur le cours de son ardeur, ce sont qualitez rares, fortes, et philosophiques[41].

Ce passage abordant la raison et l'honnêteté constitue le paragraphe n° 18 de la traduction japonaise, qui est plutôt fidèle :

> （十八）良心と道念とが自然に教へ子の言葉に現はれる様に、又理性が其の唯一の指導者である様にあり度いものである。縱令彼以外の誰も氣付いて居ないにもせよ、彼が自分の言葉の中に發見した過ちを自認するのは深慮真摯の證であること、是れは彼が先づ第一に求めなければならない德性であること。固執と闘爭欲とは卑俗な性質であり卑俗な精神の證

---

39 Tsuji Saizaburo, *De l'éducation des enfants* (児童教育論), Meguro-Shoten, Tokyo, 1928, p. 10.

40 Lei Tongqun, *op. cit.*, p. 29.

41 *Les Essais*, I, 25, p. 161.

であること。善言を容れて自らを矯正し、熱誠を以て語り、不善に遠かる事は稀有な力強い哲學的精神の表現であることを子供に悟らしめよ[42]。

Et le texte chinois :

（十八）教者之言，当根据良心与道念，使儿童视理性为唯一之指导者。言语上发生之过失，纵无人觉察，自己亦要承认，此精真挚之德性，实为教育之第一着，固执与争端，是精神卑劣之表证，纳察雅言以自改过，存诚去伪，是哲学上最高尚的精神[43]。

La dernière phrase de la traduction chinoise veut dire : *Se raviser et se corriger sur les mots justes, garder l'honnêteté et abandonner la fausseté, c'est l'esprit le plus noble dans la philosophie.* Alors que Montaigne appelle à la raison pour que l'on se corrige des mauvais jugements « sur le cours de son ardeur », Lei met plutôt en évidence, sous une apparence similaire, une idée différente : l'expression « garder l'honnêteté et abandonner la fausseté » (存诚去伪), qualifiée d'« esprit le plus noble dans la philosophie », est revêtue de son sens moderne dans sa formulation. Le « mauvais party » pour Montaigne, qui trouve son équivalent chez Tsuji avec le mot « 不善 », est pourtant traduit par Lei comme « fausseté » (伪). On hume ici le vent des courants épistémologiques européens, tel que le positivisme.

Lei Tongqun donne une traduction des deux chapitres qui est une véritable réécriture, malgré son souci de restituer fidèlement l'ordre et le sens des phrases dans chaque chapitre. Dans ce transfert, le fond et la forme sont complètement séparés au profit de l'efficacité de la transmission des idées.

Dans l'*Histoire de la pédagogie occidentale* (西洋教育通史) qu'il publiera en 1934, Lei considère Rabelais et Montaigne comme les deux précurseurs français de la pédagogie moderne.

> Sa pensée éducative ne consiste pas à former des grammairiens érudits ou des latinistes excellents, et encore moins des gens qui accumulent un « savoir mort » inutile au *jing shi* [经世]. (C'est la raison pour laquelle il est violemment contre l'éducation médiévale). [...] Cette pensée vise à reconnaître que la vraie valeur de l'être humain réside dans la pratique, plutôt que dans le savoir, sans pour autant rabaisser le statut de celui-ci. [...] En résumé, il admet que l'érudition est inférieure au discernement, et que connaître plus ne vaut pas

42 Tsuji Saizaburo, *op. cit.*, p. 50.
43 Lei Tongqun, *op. cit.*, p. 41.

> juger mieux. Le but de l'éducation est de former des *jing shi jia* [经世家] qui savent prendre des mesures adéquates face à des changements de situations[44].

Selon Lei, les aptitudes auxquelles tient Montaigne répondent aux exigences du service d'État. Apprendre le savoir pratique pour servir plus tard la société, c'est ce que Lei entend par le terme de « jing shi » (经世), et utilise le « jing shi jia » (经世家) pour désigner l'homme formé selon la pédagogie de Montaigne. Le *jing shi*, voulant littéralement dire « celui qui s'engage dans les affaires de l'État » est présent depuis plus de deux mille dans les textes classiques et son sens n'a pas changé[45].

Montaigne devient donc l'un des philosophes dont la pensée est le plus adapté à l'air du temps : vivant dans une époque de troubles et de bouleversements sociaux, il a travaillé toute sa vie au service du roi, ou pour employer le terme de Lei, dans les affaires d'État (经世). Tous les autres philosophes ou pédagogues, dont la liste est répétée dans l'ordre chronologique maintes fois par les intellectuels chinois de l'époque, s'inscrivent dans la même lignée. Par l'établissement de cette liste, ils visent à repérer l'aboutissement vers lequel la pensée occidentale se dirige. Pour eux, le moderne dépasse nécessairement l'ancien : si Montaigne, assumant un rôle de pivot, a assimilé les idées des philosophes de l'Antiquité, il a transmis à ses successeurs les siennes dont la Chine devra profiter. Ainsi est-il légitimement le premier pédagogue moderne.

Jiening MA
ENS-Paris

---

44 Lei Tongqun, *Histoire de la pédagogie occidentale* (西洋教育通史), Commercial Press, Shanghaï, 1934, p. 150 : « 其教育理想，不在养成博洽的文法家，或精熟的拉丁语学者，更非养成贮藏死智识不合经世之用的人物。（因此反对中世纪主义的教育甚烈。）（……）此种思想，是认人类之真价值，与其谓为在智识方面，毋宁谓为在实行方面，又同是智识（……）简言之，是承认博闻不如卓见，知之多不如辨之审，以养成善于处权应变之经世家为主 ».

45 Wang Hongbin, « Some Doubts on the Thought of JingShi ZhiYong » (关于"经世致用"思潮的几点质疑), dans *Shi Xue Yue Kan* (史学月刊), n° 7, 2005, p. 107.

VIES PARALLÈLES.
MONTAIGNE ET SES ALTER EGO

MONTAIGNE AND KENKŌ AS MEN OF LEISURE

It is often claimed that Michel de Montaigne was the inventor of the essay. In fact, he was just one of its inventors. There are earlier examples of the essay form in Chinese and Japanese literature. In Japan, the Buddhist monk Yoshida Kenkō (1283-1350) was, if not the originator, then the consolidator of the genre. There are some interesting philosophical similarities between Montaigne and Kenkō, all the more interesting in that they had no influence upon each other. These similarities were first explored at length by Michiko Ishigami-Iagoniltzer (1964) and Naoka Fuwa Thornton (1973).

Building on their work it is here argued that the development of the essay form, within otherwise diverse traditions, can be understood in the light of the fact that Montaigne and Kenkō had both chosen to be men of leisure – cultivating a disposition of receptive understanding – and so were free to 'follow the pen' wherever it took them.

THE OPENING SOUL

Similarities between Montaigne and Kenkō (1283-1350) first seem to have been noticed by Michiko Ishigami-Iagoniltzer. In a series of articles beginning in 1964, she points out that these pioneer essayists are both acutely aware of the impermanence and relativity of our viewpoints.[1] In Montaigne's case his awareness of the incessant changeability of subject and object was derived from Heraclitus and the Greek sceptics whereas in Kenkō's case, it was primarily derived from Buddhism (Ishigami-Iagoniltzer 1967: 26).

1 See also Ishigami-Iagolnitzer 1977; 1985.

Certainly, there was no direct Buddhist influence upon Montaigne. Contacts between Japan and Europe during the Renaissance have been explored in depth by Ishigami-Iagolnitzer (2018) but she is adamant that, "Montaigne ne connaissait pas le bouddhisme" (Ishigami-Iagolnitzer 1967: 32). However, these sources – Greek scepticism and Buddhism – are not as divergent as might be thought, for there is a sceptical component to Buddhism, or, at least, it can be a source of sceptical inspiration. Indeed, many scholars believe that Pyrrho was inspired by the Buddhism that he encountered when he travelled east in the army of Alexander the Great[2]; and, within the Buddhist tradition itself, an unambiguous and radical scepticism, comparable to that of Pyrrho's follower Sextus Empiricus, is to be found in the writings of Nāgārjuna (c.150-c.250).

There is a basic philosophical kinship between Montaigne nor Kenkō in that neither were interested in transcending their worldly circumstances via the aid of God. For, indeed: "Dieu est absent dans la réalisation du Nirvana chez le Bouddha et dans l'ataraxia de Pyrrhon" (Ishigami-Iagoniltzer 1973, 14). Instead, their philosophical focus is upon the changeability and the relativity of their own viewpoints. In Montaigne's case, as we have seen, this was encouraged by his reading of Sextus Empiricus. It was encouraged, in Kenkō's case, not only by Buddhism but also by Daoism, in which there is no transcendence and according to which subject and object are perpetually changing. (In Buddhism, by contrast, there is a form of transcendence in that in Nirvana it is possible to transcend the otherwise endless cycle of suffering and re-birth.) Kenkō explicitly professes his admiration for the Daoist sages. Moreover, there are passages in Kenkō that seem to be very close paraphrases of Zhuangzi[3]. Ishigami-Iagolnitzer suggests that Montaigne and Kenkō's awareness of their own changeability is somehow linked to their finding the essay form particularly congenial.

Similarities between Montaigne and Kenkō were also explored by Naoka Fuwa Thornton in her PhD thesis on 'The Birth of the Essay' (1973). Thornton relates the development of the essay form, by Montaigne and by Kenkō, to Henri Bergson's distinctions between the open and closed soul – and the opening soul – as discussed in *The Two Sources of Morality and Religion* (1932).

---

2 The possibility of this contact has been much debated. See for example Beckwith, 2015.

3 Kenkō's §38 paraphrases §1 and §18 of Zhuangzi.

In this work Bergson attempts to trace the sources from which morality and religion have evolved. He distinguishes between closed morality and open morality. The closed society and closed soul are defensive and concerned, above all, with self-preservation. It is dominated by rigid rules and its religion is static. If the closed soul experiences change it invariably forgets or denies it. By contrast, open morality and the open soul exhibits an attitude of mysticism and movement, whereby it transcends "the limits imposed on it by its material nature" (Bergson 1932: 220-221). According to Bergson, the open soul transcends its own immediate and particular situation in favour of understanding itself as a part of the rest of humanity. He argues that the origins of morality and religion can be traced back to these two very different sources.

But, between the closed soul and the opening soul, there is necessarily the soul in the process of opening.

> Between the immobility of a man seated and the motion of the same man running there is the act of getting up, the attitude he assumes when he rises. In a word, between the static and the dynamic there is to be observed, in morality too, a transition stage... Compared with the position it had just left – described negatively – such a soul would be manifesting indifference or insensitivity, it would be the 'ataraxia' or the 'apathy' of the Epicureans and the Stoics. Considered in what it positively is, if its detachment from the old sought to be an attachment to something new, its life would be contemplation; it would conform to the Platonic and Aristotelian ideal... Anyone halting between the two is inevitably in the zone of pure contemplation, and in any case, no longer holding to the one but without having reached the other, naturally practises that half-virtue, detachment. (Bergson 1932: 63-65)

Thornton argues that Montaigne and Kenkō are best understood as opening souls. She argues that, in the case of Montaigne, this is most clearly seen in 'An Apology for Raymond Sebond.'

> Phrases such as 'in suspense,' 'I do not budge,' or 'without leaning or inclination' remind us of the Bergsonian observations on the opening soul. Montaigne's soul is an opening soul, but he perceives the nature of its goal – as 'incomprehensible' and 'unnatural'; therefore he chooses to fix within the opening stage, in perpetual suspense; what he communicates to us is the voice of his opening soul. As for what corresponds to the open stage, he has nothing to say. Thus never crossing the threshold to mysticism, he closes the Apology (Thornton 1973: 34).

She suggests that it is perhaps through travel that Montaigne approaches closest to the state of the Bergsonian open soul. He declares, for instance, that, in travelling: "I consider all men my compatriots, and embrace a Pole as I do a Frenchman, setting this national bond after the universal and common one... Nature has put us into the world free and unfettered; we imprison ourselves in certain narrow districts..." ('Of Vanity' 1585-1588: 903-4)[4] . But Montaigne was too sceptical and too interested in the quirks of his own changeability to remain in the state of an open soul. And, she suggests, the same was true of Kenkō.

For Kenkō too refuses to cross the threshold to become, in Bergson's terms, a fully open soul. Scepticism holds him back. In his words, "if we decide that everything is bound to go contrary to our anticipations, we discover that naturally there are also some things which do not contradict expectations. This makes it all the harder to be definite about anything. The one thing you can be certain of is that all is uncertainty" (Kenkō: § 187, 163). Therefore, on certain contentious issues, he advocates suspension of judgement: "It is foolish to accept popular superstitions uncritically, but to dismiss them as being 'most improbable' serves no purpose. In general, the best course is to treat such matters as if they were true, neither giving one's unqualified belief, nor doubting or mocking them" (Kenkō: § 73, 65). His scepticism goes hand in hand with an aesthetic appreciation of detachment: "while change in nature is beautiful and interesting, change in human affairs engenders sadness. But this sadness possesses the same quality as interest found in natural change, that is, detachment" (Thornton 1973: 67).

This detachment was encouraged by political turmoil. It has already been noted that for most of Montaigne's adult life the Wars of Religion (1562-1598) unleashed a wave of violent and destructive forces hitherto unseen in French history. Similarly, Kenko was also witness to a dark political era as Japanese Emperor Go-Daigo sought to see off the challenge to his rule posed by the usurping Hojo family (Ishigami-Iagolnitzer 1967: 26)[5]. Therefore, in deliberate and stark contrast to their contemporaries – "each in his own context, renounced the pursuit of absolute value" (Thornton 1973: 136). Both living in relative retirement, they turned instead to the study of their own changeable psychologies.

4 These words anticipate the famous opening of Rousseau's *Social Contract* (1762).

5 Kenkō's historical background is explored in depth in Chance, 1997.

A legend concerning the composition of Kenkō's *Essays in Idleness* brings to mind Montaigne's habit of decorating his study with interesting quotations. According to Kenkō's translator:

> Little is known about the manner of composition of *Essays in Idleness*. For many years the account of Sanjōnishi Saneeda (1511-1579) was accepted. This stated that Kenkō did not himself edit the 243 chapters [essays] comprising the work; instead, Kenkō wrote his thoughts on scraps of paper which he pasted to the walls of his cottage. The poet and general Imagawa Ryōshun, learning of this unusual wallpaper, carefully removed the many scraps, combined them with some essay in the possession of Kenkō's former servant, and arranged them in the present order (Keene, XVIII-XIX).

Although, as Keene notes, "[m]odern critics generally reject this account, doubting that anyone other than Kenkō himself could have put together the fragments so skilfully" (Keene 1967: XIX), the essays – it is overly disparaging to call them 'fragments' – were written, in the first instance, primarily for himself. Like Montaigne, he jumps from subject to subject just as the fancy takes him. For, in Kenkō's words: "If I fail to say what lies on my mind it gives me a feeling of flatulence; I shall therefore give my brush free rein. Mine is a foolish diversion, but these pages are meant to be torn up, and no one is likely to see them" (§ 19, 20).

In giving his brush free rein, Kenkō's essays are today seen as examples of 'zuhitsu'[6] – from the Chinese characters sui-bi (sui-pi) (随笔). The term dates to 1180 when was written in the preamble to *Rongzhai Suibi* (容斋随笔) by the Chinese scholar and diplomat Hong Mai (洪迈) (1123-1202): "I am old and lazy, and have not read much. I recorded wherever my mind went, in no particular order. Therefore, I call it 'suibi' ['follow the pen']"[7]. Similarly, Montaigne tells us that in his method of composition, he avoids preparation, for fear of binding himself to some obligation on which he should be dependent ('Of Books' 1578-1580). When he sets out to compose an essay, he knows not where the journey will take him. Furthermore, when Montaigne tells us that in the *Essays* his style and his mind go roaming, not only is this the literary restatement of his submission to the natural way of the universe, but it is also a restatement of the words he uses to characterize his philosophical

6 Kenkō himself did not use this word.

7 Translation by Shihao Gong. Kenkō's literary antecedents are explored in depth in Chance, 1997.

method as "an unpremeditated and accidental philosopher" ('An Apology for Raymond Sebond' 1575-1580: 497).

Other early Japanese examples of zuhitsu include *The Pillow Book* by Sei Shōnagon (c.966-1017) (admired by Kenkō) and *An Account of my Hut*, written by Kamo no Chōme in March 1212. Which of these might be termed the first Japanese collection of essays is difficult to say, for, according to its translator, "[t]he early manuscripts of *The Pillow Book* show that Sei Shōnagan's text was a more or less continuous one, without section divisions" (Meredith McKinney 2006: XXXIV); and Kamo no Chōme's *Account of my Hut* has a unity to the whole, provided by the Buddhist theme of transcendence), which might arguably suggest that the sections of the book are better classed as chapters rather than essays. However, according to Thornton, as the sections of Kenkō's book are self-contained it might be claimed that in Japan it is with Kenkō the essay form comes of age (Thornton 1973: 140).

The one connecting theme is the author's acute awareness of his own reactions to the world. In this regard he shares much common ground with Montaigne, who might also be described as 'following the pen'. His essays follow a course suggested by personal associations: "I look inside of me; I have no business but with myself; I continually observe myself, I take stock of myself [...] I taste myself [...] I roll about in myself" ('Of Presumption' 1578-1580: 606). It is more than coincidental that this attitude is found at the origins of the essay form in both European and Japanese – and Chinese – traditions.

In the hands of Montaigne and Kenkō, the essay is, in Bergson's terms, an expression of the 'opening soul', in which the author's personal reactions are considered significant and in which there is no prescribed form or structure. The structure of their essays is personal and associative rather than impersonal and overtly logical, and neither are concerned with arguing to completeness.

Of course, there are also differences. According to Kenkō: "In everything, no matter what it may be, uniformity is undesirable. Leaving something incomplete makes it interesting, and gives one the feeling that there is room for growth" (§ 82, p. 70). Montaigne might agree but he avoids completeness by continually making additions to his essays. By contrast, Kenkō, "for the sake of suggestiveness, adopted the method of omission. Kenkō's style is one of extreme terseness and taciturnity" (Thornton 1973: 107). His idea that leaving something incomplete makes it interesting was extremely influential in Japanese aesthetics.

However, the salient point made by Thornton is that neither Kenkō and Montaigne achieved, nor were aiming for, any form of definitive completeness. They were, in Bergson's terms, opening souls, interested in the influence of their surroundings upon themselves but less interested in transcending them.

LEISURE: THE BASIS OF CULTURE

Further similarities between Montaigne and Kenkō are revealed in the light of Josef Pieper's essay 'Leisure: the basis of culture' (1948)[8]. Pieper brings to our attention the generally low regard, or neglect, of much modern philosophy towards leisure[9]. He contrasts this to the higher regard that medieval and ancient philosophy held towards leisure. He argues that medieval philosophers, such as Aquinas, distinguished between *ratio* (discursive thought) and *intellectus* (simply looking), but that they took it that "all knowing involves both" (Pieper 1948: 32). He shares their view: "Certainly, knowing in general and philosophical knowing in particular cannot take place without the effort and activity of discursive reasoning, without the 'nuisance of labour' (*labor improbus*) involved in all 'intellectual work.' Even so, there is something else in it, and something essential to it, that is *not* work" (Pieper 1948: 34).

There is some common ground here shared between Pieper and Adorno. The inherently leisurely aspect of the essay form, in particular, is noted by Adorno:

> The essay [...] does not let its domain be prescribed for it. Instead of accomplishing something scientifically or creating something artistically, its efforts reflect the leisure of a childlike person who has no qualms about taking his

8 In Ann Hartle's *Michel de Montaigne: Accidental Philosopher* (2003), she several times references Pieper but strangely she does not cite 'Leisure: the basis of culture'.

9 Russell's *In Praise of Idleness* is no exception. Russell praises idleness on behalf of common sense (1935: 8) but he does not say anything of the integral value of leisure to philosophy.

> inspiration from what others have done before him. The essay reflects what is loved and hated instead of presented to the mind as creation *ex nihilo* on the model of an unrestrained work ethic. Luck and play are essential to it. It starts not with Adam and Eve but with what it wants to talk about; it says what occurs to it in that context and stops when it feels finished rather than when there is nothing to say. Hence it is classified as a trivial endeavour (Adorno 1958: 4).

Pieper takes Kant as epitomising a typical modern philosophical attitude towards leisure. For Kant, intellectual knowing "is *activity*, and nothing but activity" (Pieper 1948: 31). For Kant, "the law of reason is supreme, whereby property is possessed through labour" (Kant in Pieper 1948: 31)[10]. Moreover, for Kant, any philosopher who does not place such an emphasis upon hard work is rather disreputable – pursuing a false philosophy, in which one "does not work but merely listens with delight to the oracle within oneself, in order to come into complete possession of the whole wisdom promised by philosophy" (Kant in Pieper 1948: 31)[11]. However, as Pieper points out, if we discard *intellectus* entirely, we are left with a rather austere and ascetic view of philosophy, in which the truth of what is known is determined most crucially by the effort put into it: "The innermost meaning of this over-emphasis on effort appears to be this: that man mistrusts everything that is without effort; that in good conscience he can own only what he has reached through painful effort; that he refuses to let himself be given anything" (Pieper 1948: 39). This seems to be Kant's attitude.

Kant's praise of hard work chimes with the thesis put forward by Max Weber in *The Protestant Work Ethic and the Spirit of Capitalism* (1905). Weber argues that the ascetic Protestant religious ideology paves the way for capitalism, in that it stresses that work is morally significant in that it can bring about salvation. In Kant's philosophy work is morally significant in that it brings about, if not salvation, then philosophical insight.

Pieper goes on to develop his thesis by suggesting that leisure is an essential component of *intellectus* (simply looking). For: "Leisure is the disposition of receptive understanding" (Pieper 1948: 50). Properly

10 Quoting Kant, 'Von einem neuerdings erhobenen vornehmen Ton is der Philosophie' (1796) *Akademie-Ausgabe* 8, 387-406.

11 *Ibid.*

understood, leisure is an attitude of the mind and condition of the soul that facilitates an openness to receiving the reality of the world (Pieper 1948: 50). Pieper argues that in leisure we step away from the working world. Its function is not simply to refresh us for a return to the working world but to remind us of what it is to be human. Thus, leisure is not to be understood as idleness that is indulged in for the sake of work, rather it is "the counterpoise to the image of the 'worker'" (Pieper 1948: 50). It is not simply the absence of activity, but it is the opposite of effort or toil. It is not simply quietness but it involves openness. "Leisure is not the attitude of the one who intervenes but of one who opens himself; not of someone who seizes but of one who lets go" (Pieper 1948: 51). At leisure we are open to new insights. This is because, counter-intuitively: "In leisure, there is something of the serenity of 'not-being-able-to-grasp'" (Pieper 1948: 51).

Chronologically, halfway between Aquinas and Kant, where then would Montaigne sit on this schema? Well, it is safe to say that Kant would have thoroughly disapproved of Montaigne's avowed intention to dedicate himself to "freedom, tranquility, and leisure"[12]. So by that rough measure, Montaigne is probably, on Pieper's schema, a medieval rather than a man of the Enlightenment. But, more specifically – and as we have already seen in discussion of the opening soul – in his meandering and *leisurely* essays Montaigne left us with a great example of someone who "opens himself" and "one who lets go" with "the serenity of 'not-being-able-to-grasp'." In fact, it might plausibly be argued that, in his essays, he provides a better example of leisurely philosophy than his medieval predecessors.

The temptation for those like Kant, who do not acknowledge the benefits of 'just looking', is to confuse leisure with idleness. For if work is the only route to salvation or philosophical insight, and if leisure is not seen to have any intrinsic good qualities, then leisure might be seen as simply idleness indulged in for the sake of refreshment, which in turn is for the sake of work. Indeed, although idleness as opposed to leisure, is more likely to involve boredom, it must be admitted that *outwardly* idleness and leisure are not easily

12 Upon his retirement, Montaigne set up an inscription in his chateau dated the last day of February 1571, that ended with the words, "This his ancestral abode and sweet retreat he has consecrated to his freedom, tranquility, and leisure."

distinguished. However, if leisure were more easily distinguished, we might 'work' at leisure, but that would be absurd. We cultivate leisure, we do not work at it.

Sometimes Montaigne himself seems unsure of the difference between idleness and leisure. For example, there is an apologetic tone to 'On Idleness' (1572-1574). He confesses that his mind "gives birth to so many chimeras and fantastic monsters, one after another, without order or purpose, that in order to contemplate their ineptitude and strangeness at my pleasure, I have begun to put them in writing, hoping in time to make myself ashamed of itself" ('On Idleness' 1572-1574: 25). He had not yet adopted the word 'essai' to describe his project. But over time his confidence in his retirement grew. For example, the following might be interpreted as criticism of work, as experienced by too many (less fortunate than he).

> We must not nail ourselves down so firmly to our humours and dispositions. Our principal talent is the ability to apply ourselves to various practices. It is existing, but not being, to keep ourselves bound and obliged by necessity to a single course. The fairest souls are those that have the most variety and adaptability ('Of Three Kinds of Association' 1585-1588: 753).

In his final essay, he declares:

> We are great fools. "He has spent his life in idleness," we say; "I have done nothing today." What, have you not lived? That is not only the fundamental but the most illustrious of your occupations… Our great and glorious masterpiece is to live appropriately" ('Of Experience' 1587-1588: 1036-7).

And how are we then "to live appropriately"? Montaigne does not give a precise and prescriptive answer to this, but he does say that: "To compose our character is our duty, not to compose books, and to win, not battles and provinces, but order and tranquillity in our conduct" ('Of Experience' 1587-1588: 1037). Montaigne would then surely be sympathetic to Pieper's conception of leisure, as cultivating a "disposition of receptive understanding".

Kenkō would also be sympathetic. Although his book of essays is known in the west under the title of 'Essays in Idleness,' this was not the Kenkō's own title. The title was taken from the opening sentence that comprises the introduction to his essays.

> What a strange, demented feeling it gives me when I realise I have spent whole days before this inkstone, with nothing better to do, jotting down at random whatever nonsensical thoughts have entered my head (Kenkō: 3).

The translator, Donald Keene, has used the phrase 'with nothing better to do' (tsurezure naru mama ni) to justify the phrase 'in idleness' but the Japanese title *Tsurezuregusa* (also taken from this phrase) more literally means something like 'amateurish writings on unworthy subjects' (Thornton 1973: 43). There are connotations of diffidence but not of idleness. Kenkō himself left the work untitled.

In fact, assuming procrastination and sloth to be part of idleness, then there are a number of passages in the work in which Kenkō criticises idleness. For example:

> You must not wait until you are old before you begin practicing the Way. Most of the gravestones from the past belong to men who died young (Kenkō: § 49, 42).

> Some men think, "I'll wait a bit longer, until I take care of this matter," or "I might as well dispose of that business first," or "People will surely laugh at me if I leave such and such as it stands. I'll arrange things now so that there won't be any future criticism," or "I've managed to survive all these years. I'll wait till that matter is cleared up. It won't take long. I mustn't be hasty." But if you think is such terms the day for taking the Great Step will never come, for you will keep discovering more and more unavoidable problems, and there will never be a time when you run out of unfinished business (Kenkō: § 59, 53-4).

> A man living in the capital has urgent business in the Eastern Hills, and has already reached the house of his destination when it occurs to him that if he goes to the Western Hills he may reap greater advantage; in that case, he should turn back at the gate and proceed to the Western Hills. If, however, he thinks, "I've come all this way. I might as well take care of my business here first. There was no special day set for my business in the Western Hills. I'll go there some other time, after I have returned," the sloth of a moment will turn in this manner into the sloth of an entire lifetime. This is to be dreaded (Kenkō: § 188, 161).

In short, the title *Essays in Idleness* is not only inaccurate but also misleading.

As to Kenkō's attitude towards leisure, it is changeable, and even contradictory. For example, one essay begins: "It is not advisable to go to someone's house without special business"; but it ends: "It is most agreeable when a visitor comes without business, talks pleasantly for a while, then leaves" (§ 170, 146). However, what *is* clear is that Kenkō did not write "by way of a diversion from boredom" (Keene 1967: XVII). That is the Keene's rather Kantian interpretation of the opening sentence; for, by Keene's own translation, that is not what Kenkō actually says. A measure of boredom may have been necessary in order to face up to the 'nuisance of labour' (*labor improbus*) involved in the act of writing, but that is really the least interesting part of their composition. Kenkō's essays were no more written as a diversion from boredom than were Montaigne's. They were written – to return again to Pieper's definition of leisure – in order to explore and to cultivate a "disposition of receptive understanding", which is itself close to the elusive concept of Dao.

This is also how *we* should read Kenkō. For, "if we merely pursue our 'duties' as readers, we risk losing the charm, the aristocratic hauteur, the raised eyebrow, or the occasional naughtiness that gives the text [...] such a special texture" (Rimer 2000: 87). The same applies to Montaigne: both texts are best appreciated at leisure.

Thornton argued that the scepticism of Montaigne and Kenkō held both of them back from mysticism and that they are both best described, on Bergson's schema, as opening souls rather than open souls. Her assessment can be extended by use of Josef Pieper's conception of leisure. For their essays, and their development of the essay form, epitomise Josef Pieper's conception of 'leisure' as "the disposition of receptive understanding" (Pieper 1948: 50). In this respect, Montaigne and Kenkō both stand in contrast to philosophers such as Kant who place emphasis upon *ratio* – and upon work – at the cost of just looking, in the vain belief that work *per se* can bring about philosophical insight.

Of course, to "follow the pen" at one's leisure and to cultivate a "disposition of receptive understanding" certain material conditions must be met. To praise leisure and whilst yet ignoring these material conditions would perhaps amount to a form of somewhat ineffectual elitism – "we are all in the gutter, but some of us are looking at the stars."[13] However, to quash the suspicion that this might apply to Montaigne and Kenkō, it

13 Oscar Wilde *Lady Windermere's Fan* (1892).

should be emphasised that Montaigne and Kenkō, like Virginia Woolf, fully appreciated the importance of a room of one's own[14].

Stephen LEACH
Gordon WARREN

14 Our thanks for the helpful comments of an anonymous referee.

BIBLIOGRAPHY

Adorno, T.W. 1958/1991. 'The Essay as Form' in *Notes to Literature*, ed. Rolf Tiedermann, trans. Sherry Weber Nicholsen. New York: Columbia University Press.

Beckwith, Christopher I. 2015. *Greek Buddha. Pyrrho's Encounter with Early Buddhism in Central Asia*. Oxford: Princeton University Press.

Bergson, Henri. 1932/1935. *The Two Sources of Morality and Religion*, trans. R. Ashley Audra and Cloudesley Brereton. New York: Doubleday.

Chance, Linda H. 1997. *Formless in Form: Tsurezuregusa, and the Rhetoric of Japanese Fragmentary Prose*. Redwood City: Stanford University Press.

Hartle, Ann. 2003. *Michel de Montaigne: Accidental Philosopher*. Cambridge: Cambridge University Press.

Ishigami-Iagolnitzer, Michiko. 1964. 'La sagesse de Montaigne et celle de Kenkō, moine japonais du XIVe siècle' in *Mémorial du Premier Congès International des Études Montaignistes*. Ed. Georges Palaisses. Bordeaux: Taffard.

Ishigami-Iagolnitzer, Michiko. 1967. 'La sagesse et la condition humaine selon l'humanisme de Montaigne et le bouddhisme de Kenkō' *BSAM* 10: 25-37.

Ishigami-Iagolnitzer, Michiko. 1973. 'La Bouddha, Pyrrhon et Montaigne' *BSAM* 5: 11-24.

Ishigami-Iagolnitzer, Michiko. 1977. 'Montaigne au Japon' *BSAM* 21: 7-16.

Ishigami-Iagolnitzer, Michiko. 1985. 'L'homme devant la vie et la mort selon Kenkō et Montaigne: Essai de philosophie comparée' *BSAM* 21: 7-16.

Ishigami-Iagolnitzer, Michiko. 2018. *Découverte Mutuelle Extrême-Orient – Occident à la Renaissance*. Paris: L'Harmattan.

Kenkō, Yoshida. 1967. *Essays in Idleness: the Tsurezuregusa of Kenkō*, trans. Donald Keene. New York: Columbia University Press.

Montaigne, Michel de. 2003. *The Complete Works*, trans. Donald M. Frame, London: Everyman.

Pieper, Josef. 1948/1998 *Leisure: the Basis of Culture*, trans. Gerald Malsbary, South Bend, Indiana: St. Augustine's Press.

Rimer, Thomas. 2000. Review of *Formless in Form* by Linda H. Chance. *The Journal of the Association of Teachers of Japanese* 34 (1): 84-88.

Russell, Bertrand. 1935/2004. *In Praise of Idleness*. London: Routledge.

Sei Shōnagon. 2006. *The Pillow Book*, ed. and trans. Meredith McKinney. London: Penguin.

Thornton, Naoka Fuwa. 1973. 'The Birth of the Essay: A Comparative Study of Michel de Montaigne and Yoshida Kenkō' Indiana University PhD thesis.

"MON SEMBLABLE, MON FRÈRE"

Li Zhi, Montaigne's Chinese friend[1]

Writing from his château in Dordogne, Montaigne characterized the era in which he lived as "un siècle desbordé[2]". He observed that "la dissimulation est des plus notables qualitez de nostre siecle[3]". In a world abounding with artifice, he lamented that "nostre verité de maintenant, ce n'est pas ce qui est, mais ce qui se persuade à autruy[4]". And he decried his era as a time in which "la façon et l'art ont tant de credit et de commandement[5]" that "il ne se recognoit plus action vertueuse: car celles qui en portent le visage, elles n'en ont pas pourtant l'essence[6]". Thousands of miles away in China, similar sentiments gained currency. The Chinese prose writer Zhang Dai (1597-1684) described the close of the sixteenth century in Chinese history as "chaotic," "topsy-turvy," and "jumbled[7]". And Montaigne's exact contemporary, the maverick intellectual Li Zhi (1527-1602), lamented the prevalence of "phony people speaking phony words, performing phony actions, and producing phony writings." In remarkably Montaignien fashion, he went on to ask, rhetorically, "Can anyone see beyond the phony stage set[8]? "

---

1 Acknowledgment: The author thanks Penelope Geng, Ellen Handler Spitz, Alexis Peri and Robert Schine for their comments on this article.

2 Montaigne, "De la Vanité" III:9, in *Les Essays*, edited by Pierre Villey. Paris: Presses Universitaires de France, 946. All page numbers are from this edition.

3 Montaigne, "Du Démentir" II:18. Villey, 666.

4 Montaigne, "Du Démentir" II:18. Villey, 666.

5 Montaigne, "Du Repentir" III:2. Villey, 805.

6 Montaigne, "Du jeune Caton" I:37. Villey 230.

7 Zhang Dai, "Ziwei muzhiming" (Epitaph for Myself). In *Zhang Dai shiwenji*, edited by Xia Xianchun. Shanghai: Shanghai guji chubanshe, 1991: 5.295.

8 Li Zhi, "Tongxin shuo" (On the Childlike Mind). In *Fenshu* (*A Book to Burn*). In *Li Zhi quanji zhu* (*The Complete Works of Li Zhi, Annotated*), edited by Zhang Jianye and Zhang Dai. 26 vols. (Beijing: Shehui kexue wenxian chubanshe, 2010): 1:276-279. Hereafter, *LZQJZ*. Two English translations of this essay appear in Li Zhi, *A Book to Burn and A Book to Keep (Hidden): Selected Writings*. Edited by Rivi Handler-Spitz, Pauline C. Lee, and Haun Saussy (New York: Columbia University Press, 2016), 106-113. Hereafter, *BBBKH*.

Independently and in ignorance of one another's existence, these far-flung authors each diagnosed their own societies as rife with deception and artifice. And they fretted that their contemporaries were being duped by misleading appearances. The prevalence of the theme of fakery in these writings and others from the period can be understood in the context of what historians have described as "horizontal continuities" between early modern China and Europe. These include social instabilities and economic uncertainties relating to urbanization, rapid commercialization, improved technologies of navigation and printing, higher rates of book production, and increased social mobility[9]. Just as in Montaigne's France, in the waning years of China's Ming dynasty (1368-1644), fortunes were swiftly made and lost. Counterfeit coins passed for legal tender, and identities, too, were forged. In Europe, violations of sumptuary laws and the sale of noble and ecclesiastical titles sparked anxiety about whom to trust or how appearances could be deceiving. And in China, membership in the elite civil bureaucracy – previously regulated by a series of rigorous state examinations (later lauded by Voltaire, Montesquieu, Leibniz, and others) – become available for purchase, igniting analogous concerns about imposture and inauthenticity. In urban centers in China and France alike, as the boundaries marking out individuals of different social classes grew increasingly porous, commoners came to masquerade as gentlemen, and increasing numbers of printed books, many of dubious credibility, disseminated a tangle of facts, opinions, rumors, and beliefs[10]. The barrage of unreliable appearances, conflicting

9 The phrase "horizontal continuities" is borrowed from Joseph Fletcher, "Integrative History: Parallels and Interconnections in the Early Modern Period, 1500-1800," *Journal of Turkish Studies*, 9 (1985): 37-57. See also Kenneth Pomeranz, *The Great Divergence: China, Europe, and the Making of the Modern World Economy*, (Princeton, N.J.: Princeton University Press, 2000); Andre Gunder Frank, *Reorient: Global Economy in the Asian Age*, (Berkeley: University of California Press, 1998); R. Bin (Roy Bin) Wong, *China Transformed: Historical Change and the Limits of European Experience*, (Ithaca: Cornell University Press, 2014). Jean-Laurent Rosenthal, *Before and Beyond Divergence: The Politics of Economic Change in China and Europe*, (Cambridge, Mass: Harvard University Press, 2011); Jack A. Goldstone, "Divergence in Cultural Trajectories: The Power of the Traditional within the Early Modern." *Economic History eJournal* (2012); S. A. M. Adshead, *Material Culture in Europe and China, 1400-1800: The Rise of Consumerism*. (New York: Saint Martin's Press, 1953).

10 Gui Youguang. *Mr. Zhen Chuan's Collected Writings* (*Zhen Chuan Xiansheng ji*). Cited in Ho Ping-ti. *The Ladder of Success in Imperial China: Aspects of Social Mobility 1368-1911*. New York, Columbia University Press, 1962, 73.

truth claims, deception, pretense, and fraud challenged contemporaries in both regions to distinguish between surface appearances and the often discrepant realities below, and to discriminate between fact, fanciful exaggeration, and outright lies.

In light of these many "horizontal continuities," short essayistic prose works produced in each region display a number of commonalities. This brief article compares Montaigne's advocacy for personal judgment with similar views held by his Chinese contemporary Li Zhi. Li was a trenchant social critic and intellectual provocateur in whose essayistic prose themes of discernment play a central role. Juxtaposing Li's writings to those of Montaigne serves to expand the significance of Montaigne's writings by illustrating how, unbeknownst to himself, his essays resonated with writings produced half a world away, works of which he had no knowledge. In other words, Montaigne is not simply a *European* thinker but a paradigmatic *early modern* figure.

The "unexpected affinities" I point out snap into focus chiefly because of historical distance – and perhaps also geographical distance[11]. Living now long after – and far away from – Montaigne and Li enables one to perceive in their writings patterns invisible to the authors themselves and hidden also from those more recent scholars whose habits of thought have been constrained by national literary canons and traditions. Such patterns become visible only by zooming out or taking a giant step backwards, away from the objects of study. Observing from this distanced perspective, we expand our field of vision: no longer do we see only France, or France only as part of Europe. We now see France in the broader context of Eurasia. This distance forces a shift in perspective, which encourages us to reconsider our understanding of the scope of the context relevant for the interpretation of each text. Whereas Montaigne has typically been regarded as a thinker of central importance to the *Western* literary and philosophical tradition, the comparison I am proposing here posits that his works also signify on a broader, indeed a global scale. Rather than diminishing Montaigne's uniqueness, this interpretation actually expands the breadth of his relevance to world literature.

My emphasis on the interpretive affordances of *distance* may call to mind the concept of "distant reading," pioneered by Franco Moretti,

11 Zhang Longxi, *Unexected Affinities: Reading across Cultures*. (Toronto: University of Toronto Press, 2007).

who used this idea to trace the global spread of the novel genre in the nineteenth century[12]. But whereas Professor Moretti's interpretation posits the outward movement of the novel genre from a central "core" (Europe) to a "periphery," the comparison I propose rests on the premise of a polycentric world order. For, in the sixteenth century, the period just before what historian Kenneth Pomeranz calls "the great divergence," the Ming empire was in no way peripheral to Europe. Rather, as I argue, in geographically disparate cultural *centers*, analogous literary forms arose in response to similar social forces[13]. Additionally, unlike Moretti who, in his zeal to reveal large-scale literary patterns, willingly abandons the practice of close reading, I cleave to this established methodology and anchor my comparison in detailed readings of specific passages, as well as in author's biographies[14].

Li Zhi's career in many ways mirrored that of Montaigne. Like Montaigne, who served as mayor of Bordeaux from 1581-1585, Li Zhi too spent the early part of his life in government employ, retiring only in old age to pursue the life of the mind. Having worked for decades in the Confucian state bureaucracy, Li Zhi was well acquainted with the Confucian canon, an extensive corpus of classical texts on history and moral philosophy. However, Li's insatiable intellectual curiosity led him far beyond these authoritative works and the ancient and recent commentaries on them. In search of fresh ideas, he immersed himself in the literature and philosophy of Buddhism and Daoism, as well as poetry, popular fiction, and drama. Like Montaigne, Li Zhi delighted in discovering the diversity of human customs and opinions; born into a Muslim merchant family, Li cultivated the friendship of the Jesuit missionary Matteo Ricci (1552-1610). And when stationed to govern the Southwest borderlands in Yunnan province, Li treated the ethnic

12 Rita Felski, *The Limits of Critique* (Chicago: The University of Chicago Press, 2015); Moretti, *Distant Reading*. (New York: Verso, 2013).

13 Pomeranz, *The Great Divergence*.

14 He does so on the grounds that close reading "necessarily depends on an extremely small [and therefore unrepresentative] canon [of texts]." Franco Moretti, "Conjectures on World Literature," in *Distant Reading*. (New York: Verso, 2013), 48. Of course, anchoring my comparison here in the works of just two individuals, no matter how prominent, seems like a risky proposition. In my monograph, I further contextualize the works of both authors and provide many more examples. Rivi Handler-Spitz, *Symptoms of an Unruly Age: Li Zhi and Cultures of Early Modernity* (Seattle: University of Washington Press, 2017).

minority population under his jurisdiction with remarkable humanity and respect. His erudition, capacious curiosity, and fascination with the diversity of human experience all find close parallels in Montaigne's experiences and worldviews.

Given the variety of Li's personal experience and the reach of his intellectual peregrinations, he frequently encountered contradictory points of view. His writings showcase these conflicting perspectives, often with an eye toward unsettling readers' established opinions or upending scholarly consensus. No less internally inconsistent a thinker than Montaigne, Li was not a builder of philosophical systems. Instead, he preferred to respond to chance provocations: a letter he received might prompt an acerbic reply; or a classical text he encountered might inspire an original, and often irreverent, reinterpretation. And like Montaigne, Li made no effort to smooth out the many inconsistencies in his writings. In fact, it seems likely that for Li, as for Montaigne, many of these internal discrepancies arose as a result of his own incessant writing. Where Montaigne pledged to keep writing "autant qu'il y aura d'ancre et de papier au monde[15]", Li declared "my brush is always moist, and my ink stone always wet[16]". "My hand writes down whatever crosses my mind, and as I write, I publish; this process cannot be stopped[17]". He elsewhere noted, "[my book] is already more than a hundred pages long. I do not know how much more I shall add to it[18]". The titles of Li's major works highlight his additive process: *A Book to Burn* and *Another Book to Burn*, *A Book to Keep (Hidden)* and *Another Book to Keep (Hidden)*. Moreover, like Montaigne, Li cultivated a loose and malleable short prose style. Because of its flexible structure and length, his genre of choice, the *xiaopin*, could easily accommodate his mental meanderings. This capacious and internally variegated genre, much like Montaigne's

15 Montaigne, "De la Vanité" III:9. Villey, 495.

16 Li, "Shizi xu zhi xu" (Preface on what a Buddhist ought to know), in *Xu Fenshu* (*Another Book to Burn*); *LZQJZ* 3:168.

17 Li, "Laoren xing xu" (Preface to *The Actions of an Old Man*), in *Xu Fenshu* (*Another Book to Burn*); *LZQJZ* 3.177.

18 Li, "Da Jiao Yiyuan" (Reply to Jiao Yiyuan), in *Fenshu* (*A Book to Burn*); *LZQJZ* 1.17. Because none of Li's manuscripts have been preserved, Li's writing process cannot be studied with the same kind of precision that Montaigne's can. However, several comments in his published works suggest that, like many of his Chinese and European contemporaries, Li was continually revising, editing, and supplementing his works, even long after their initial publication. Hander-Spitz, *Symptoms*, 113.

essais, provided an excellent vehicle for exercising his own judgment and simultaneously sharpening readers' critical faculties[19].

The theme of judgment, which pervades the writings of both authors, is especially evident in their works on education. Montaigne rails against contemporary pedagogical practices, which elevate superficial shows of knowledge over the development and exercise of real moral judgment. He writes, "de vray, le soing et la despence de nos peres ne vise qu'à nous meubler la teste de science; du jugement et de la vertu, peu de nouvelles[20]". He deems that the educational system relies too heavily on rote memorization and as a result produces pompous pedants, who "ont la souvenance assez pleine, mais le jugement entierement creux[21]". Montaigne self-deprecatingly includes himself among the ranks of those phony scholars who merely repeat words they do not understand, and continues, "Nous sçavons dire: Cicero dit ainsi; voilà les meurs de Platon; ce sont les mots mesmes d'Aristote. Mais nous, que disons nous nous mesmes? que jugeons nous? que faisons nous? Autant en diroit bien un perroquet[22]". This repeated use of questions recalls Montaigne's famous skeptical motto "que scay-je?" and illustrates not only the depth of his own self-interrogation but also his invitation to readers to examine themselves and their own education. In another passage, again using the first person plural, Montaigne further develops the ornithological metaphor, stating "nous ne travaillons qu'à remplir la memoire, et laissons l'entendement et la conscience vuide. Tout ainsi que les oyseaux vont quelquefois à la queste du grein, et le portent au bec sans le taster … ainsi nos pedants vont pillotant la science dans les livres, et ne la logent qu'au bout de leurs lévres, pour la dégorger seulement et mettre au vent[23]".

Unlike the birds mentioned above, whose scattering of seeds upon the wind is merely useless, not destructive, an educational system that insists upon rote memorization can cause real harm, for it risks stunting the development of students' innate faculty of judgment. In evidence

19 Rivi Handler-Spitz, "Short Prose Forms in a Global Sixteenth-Century Context: The Western Essay and the Chinese *Xiaopin*, *Sanwen*, and *Suibi*," *Prose Studies* 32, no. 2 (2010): 110–21.

20 Montaigne, "Du Pedantisme" I:25. Villey, 136.

21 Montaigne, "Du Pedantisme" I:25. Villey, 139.

22 Montaigne, "Du Pedantisme" I:25. Villey, 137.

23 Montaigne, "Du Pedantisme" I:25. Villey, 136.

of this, Montaigne approvingly quotes a certain "fille, la premiere de nos Princesses," likely Catherine de Bourbon, who purportedly stated, "à recevoir tant de cervelles estrangeres, et si fortes, et si grandes, il est necessaire … que la sienne se foule, se contraingne et rapetisse pour faire place aux autres." Montaigne continues, "Je dirois volontiers que, comme les plantes, s'estouffent de trop d'humeur, et les lampes de trop d'huile: aussi l'action de l'esprit, par trop d'estude et de matière, lequel, saisi et embarassé d'une grande diversité de choses, perde le moyen de se desmeler[24]". These lines cast the education of his time as a powerful and potentially overwhelming negative force, imposed from outside, a force that threatens to imperil the natural development of students' own judgment.

The notion that education can stifle or overburden the mind, crushing students' innate moral sensibility reverberates in Li's writings. His best-known and most anthologized essay, "On the Childlike Mind," postulates the existence of an inborn faculty of moral and aesthetic judgment, "the childlike mind," which is authentic and "pure of artifice[25]". This simple faculty, however, is constantly at risk of being contaminated or extinguished by the rigid and artificial demands of the Confucian educational system, which require students to memorize a vast corpus of canonical texts and regurgitate them verbatim on state exams[26]. Li Zhi explains:

> We begin as children, in simplicity … But somehow this [childlike] mind is lost. …. Impressions and sensations, crowding in through the ears and eyes, come to dominate the inner life and suppress the original mind. Words and ideas learned from without come to dominate, suppressing the original mind. These external influences multiply with time … and the simple mind is lost. And then through reading, we take in more words, ideas, impressions, and sensations … Scholars of today pile up terms and concepts from books and

24 Montaigne, "Du Pedantisme" I:25. Villey, 134.

25 Li, "Tongxin shuo" (On the Childlike Mind). In *Fenshu* (*A Book to Burn*). *LZQJZ* 1:276. Translated in *BBBKH*, 111.

26 In describing his own education, Li wrote, "All this is nothing but play acting. My studies are no more than plagiarizing and superficial reading…". Continuing the third person, he statess, "By the time of the examinations, he had memorized more than five hundred essays. When the examination topic was given, he merely copied, transcribed, and recorded what he had memorized. He received high middle honors", Li, "Zhuowu lunlüe Dianzhong zuo" (A Sketch of Zhuowu, Written in Yunnan). In *Fenshu* (*A Book to Burn*); *LZQJZ* 1:233-42; translated in *BBBKH*, 77.

> in so doing quash the original mind. Given their use of book learning and verbiage to subdue the original mind what sage can hope to use writing or speech to suppress these scholars' misguided action[27]?

Throughout his discussion of the childlike mind, Li uses and repeats words like "lose," "quash," "suppress" and "dominate," which echo Montaigne's "fouler," "se contraingner," "rapetitir," "s'estouffer," "embarasser" and "perdre," emphasizing both authors' anxiety over the harmful effects of excessive memorization.

Li pushes his critique of contemporary educational practices even further than Montaigne's, for he questions both the authenticity of the classical texts themselves and the value of regarding them as the foundation of ethical conduct. He writes:

> The *Six [Confucian] Classics*, the *Analects*, and the *Mencius* … are what misguided followers and dimwitted disciples wrote down of what they *recalled* their teacher had said … These disciples put down in writing whatever they happened to see. Later scholars did not scrutinize these writings. They simply declared that these words came directly from the mouths of the sages and decided to establish them as great classics. Who knows whether more than half of these writings are *not* words from the mouths of sages[28].

In this passage, Li shockingly suggests that even the most sacred, canonical, and authoritative texts of the Confucian tradition – the bedrock of Confucian government and personal ethics – may be tainted and inaccurate. The excerpt finishes with an open-ended question, which, like Montaigne's "que disons nous nous mesmes? que jugeons nous? que faisons nous?" (cited above), expresses Li's own doubts about the value of the classics and prompts readers to join him in his transgressive musings.

Elsewhere, Li sketches out in detail his understanding of the negative social consequences of indoctrinating students to parrot canonical texts uncomprehendingly. The passage below gestures toward Li's understanding of history as a continual process of decline from the mythohistorical age of Confucius to the present day. This vision resembles

---

27 Li, "Tongxin shuo" (On the Childlike Mind). In *Fenshu* (*A Book to Burn*). *LZQJZ* 1:276. Translation slightly modified from *BBBKH* 111-12. See also *BBBKH*, 107 and Handler-Spitz, *Symptoms*, 26.

28 Li, "Tongxin shuo" (On the Childlike Mind). In *Fenshu* (*A Book to Burn*). *LZQJZ* 1:277. Translated in *BBBKH*, 108.

Montaigne's critical stance toward the present and his relatively positive appraisal of the society of the cannibals, rooted not in custom but in nature itself: "Nous appellons sauvages les fruits que nature, de soy, et de son progrez ordinaire a produicts: là où à la verité, ce sont ceux que nous avons alterez par nostre artifice et detourez de l'ordre commun, que nous devrions appeler plutost sauvages[29]". Writing in a somewhat similar vein, Li reminds readers that "Confucius never told anyone to learn from Confucius"; he taught, rather, that "the gentleman seeks all from within himself[30]". By turning away from one's own innate endowments and instead "treading in the footsteps" of one's forebears, one distorts one's understanding and arrives at artificial conclusions. In his view, the Confucian education system produces nothing more than "artificial people speaking artificial words [and] performing artificial actions[31]". Li states[32]:

> [Even] the Confucians of antiquity interpreted Confucius conjecturally. Our fathers and teachers recited these conjectures and passed them down, and young children listen to them as if blind and deaf. When ten thousand mouths all utter the same phrase, none can counter what is said; when for a thousand years there is only a single standard, no one can come to understand the world for himself. Nobody says 'I merely chant the *words* of Confucius.' Instead they claim 'I understand Confucius himself.' Nobody says 'I distort what I do not know to make it seem as if I know it.' … So today, although people possess eyes, nobody uses them[33].

This passage takes aim at the Confucian education system for its insistence on rote conformity to orthodox ideology. In Montaigne's France, rent apart by the Wars of Religion, no such doctrinal uniformity existed. Yet Li's words nonetheless resonate with Montaigne's criticism of the aspects of humanistic education that rewarded students merely

29 Montaigne, "Des Cannibales" I:31. Villey, 205.

30 Li Zhi, "Da Geng Zhongcheng" (Reply to Censor Geng, 1). In *Fenshu* (*A Book to Burn*). *LZQJZ* 1:40-41. Translated in *BBBKH*, 38.

31 Li, "Tongxin shuo" (On the Childlike Mind). In *Fenshu* (*A Book to Burn*). *LZQJZ* 1:276. Translation modified from *BBBKH*, 108 and 112.

32 Li, "The people who pass for teachers and students these days all follow one another and want to tread in one another's footsteps. How disheartening!" Li Zhi, "Meng Ke zhuan" (Biography of Mencius). In *Cangshu* (*A Book to Keep [Hidden]*). *LZQJZ* 6:467.

33 Li, "Ti Kongzi xiang yu Zhifo yuan" (An Inscription for the Image of Confucius in the Cloister of the Flourishing Buddha). In *Xu Fenshu* (*Another Book to Burn*). *LZQJZ* 3:309-310. Translated in *BBBKH*, 290.

for accurate memorization of authoritative texts and in doing so inhibited students from developing their own understanding. "A quoy faire la science," Montaigne asks rhetorically, "si l'entendement n'y est[34]?" Such an education simply creates "des asnes chargez de livres[35]". And as Montaigne explains, in submitting to such an education, "nous nous laissons si fort aller sur les bras d'autruy, que nous aneantissons nos forces[36]". In other words, rote learning renders students weak, dependent, and unfit for action. In support of this point, Montaigne recounts an anecdote about a

> riche Romain qui avoit esté soigneux, à forte grande despence, de recouvrer des hommes suffisans en tout genre de sciences, qu'il tenoit continuellement autour de luy, affin que, quand il escherroit entre ses amis quelque occasion de parler d'une chose ou d'autre, ils supplisse sa place, et fussent tous prets à luy fournir, qui d'un discours, qui d'un vers d'Homere, chacun selon son gibier; et pensoit ce sçavoir estre sien par ce qu'il estoit en la teste de ses gens; et comme font aussi ceux desquels la suffisance loge en leurs somptueuses librairies[37].

Through this satirical anecdote, Montaigne points to a reversal in power dynamics: despite his wealth, the risible Roman, knowing nothing, must rely upon the intellects of his hired men. Any knowledge he pretends to possess is merely show. And this hollow exterior belies his dependency on his underlings, inverting the expected hierarchy of master over servant[38].

Li shares Montaigne's concerns about the intellectual dependency fostered by excessive reliance on superficial trappings. In a satirical anecdote involving a sartorial metaphor, Li describes a pompous Confucian scholar who conceals his fundamental ignorance under a showy, borrowed exterior:

34 Montaigne, "Du Pedantisme" I:25. Villey, 140.

35 Montaigne, "De l'institution des enfans" I:26. Villey, 177.

36 Montaigne, "Du Pedantisme" I:25. Villey, 137.

37 Montaigne, "Du Pedantisme" I:25. Villey, 137. Elsewhere, Montaigne derides overly ornate poetry by saying that the authors of such verse "montent à cheval parce qu'ils ne sont pas assez forts sur leurs jambes" Montaigne, "Des Livres" II:10. Villey, 412.

38 In speaking of contemporary playwrights, who borrow plots from Terrence and Plautus, Montaigne reinforces this point in similar language: "Ils entassent en une seule Comedie cinq ou six contes de Boccace. Ce qui les faict ainsi se charger de matière, c'est la defiance qu'ils ont de se pouvoir soustenir de leurs propres graces: il faut qu'ils trouvent un corps où s'appuyer; et n'ayant pas du leur assez dequoy nous arrester, ils veulent que le conte nous amuse." Montaigne, "Des Livres" II:10. Villey, 411.

> There was once a [Confucian] gentleman … who wore dignified platform shoes… Wearing the obligations of morality as his cap and the principles of human righteousness as his garments, he sprinkled his writings with … phrases picked up from the classics, and on his lips he always had several passages from orthodox texts. On this basis he *claimed* to be a true disciple of Confucius[39]….

The passage proceeds to mock the phony Confucian for his superficiality. Elsewhere, Li lays out an alternative path for education, one in which students neither cloak themselves in borrowed finery nor "se laiss[ent] aller … sur les bras d'autruy"; quite the contrary, they stand proudly upon their own two feet. In a passage that seems almost to have been written in direct response to Montaigne's anecdote about the rich Roman, Li states:

> Whether people are virtuous or not depends on their standing on their own two feet; it has nothing to do with teachers or friends … In order for people to stand on their own two feet, they must have bones. With bones, a person can walk or stand. But if one has no bones, even if a hundred teachers and friends support him and prop him up left and right, what good will that do? The moment [these supporters] leave his side, the person will lose his footing. But one who can already walk or stand can run to seek a teacher[40].

Through the metaphor of bones, Li emphasizes the crucial importance of personal judgment. Bones are the core, the skeleton, the foundation. Unlike superficial ornaments of learning, which may be borrowed from outside, bones must be developed and strengthened from within. And yet, nestled deep within the body, they remain invisible to the naked eye. For this reason, in an era that prizes showy exteriors, this essential structure often goes neglected. Li explains,

> People grow ever more base and customs sink ever lower! No wonder we have continued our steady decline to the present, in which people outwardly profess to engage in the Study of the [Confucian] Way but inwardly prize wealth and status; they cloak and gown themselves in Confucian dignity yet comport themselves like dogs and swine[41].

39 Li, "Zan Liu Xie" (Appraisal of Liu Xie). In *Fenshu* (*A Book to Burn*). *LZQJZ* 1:158-59. Translated in *BBBKH*, 140.

40 Li, "Xun Qing, Li Si, Wu Gong" (Xun Qing, Li Si, Wu Gong). In *Fenshu* (*A Book to Burn*). *LZQJZ*, 2:209-210. Translated in *BBBKH*, 205.

41 Li, "San jiao gui Ru shuo" (How the Three Teachings Lead Back to Confucianism). In *Xu Fenshu* (*Another Book to Burn*). *LZQJZ* 3:223-24. Translated in *BBBKH*, 281.

The discrepancy between outer show and inner worth (or lack thereof) equally discomfited Montaigne, who observed ruefully that in contemporary society [la science] "passe de main en main, pour cette seule fin d'en faire parade[42]". He found it baffling that, "sauf nous, aucune chose ne s'estime que par ses propres qualitez. Nous loüons un cheval de ce qu'il est vigoureux et adroit ... non de son harnois". And as if to emphasize the gravity and relevance of his observation for all readers of the *Essais*, Montaigne challenges them to scrutinize their own behavior. Addressing his readers directly, he asks,"Pourquoy, estimant un homme, l'estimez vous tout enveloppé et empaqueté? Il ne nous faict montre que des parties qui ne sont aucunement siennes, et nous cache celles par lesquelles seules on peut vrayment juger de son estimation[43]". Elsewhere, he forthrightly declares his opinion of anyone who judges others on such superficial criteria: "Je hai nos gens qui supportent plus malaysement une robe qu'une ame de travers et regardant à sa reverence, à son maintien, et à ses bottes, quel homme il est[44]". Throughout their writings, Montaigne and Li each sought to distinguish themselves from the credulous herd and to set an example for readers of a more refined mode of critical engagement.

By describing his own interpretive abilities in X-ray-like terms, Li congratulates himself on being a singularly incisive reader. He brags,

> Heaven has favored me with insight. As soon as I open a scroll, I see him—I see a full approximation of the author from start to finish. Ever since antiquity, many scholars have read books and discussed the world. Some have seen the skin [of the matter]; some have seen the body; some have seen the blood and arteries, some have seen the tendons and bones. But getting to the bone is the furthest point. Even if these [other scholars] say that they have penetrated the five viscera, in fact they have not pierced the bone [as I have][45].

Unlike other readers, who may have alighted on part of an author's meaning — a patch of skin here, a muscle there — Li believes himself

42 Montaigne, "Du Pedantisme" I:25. Villey, 136-37. The passage continues "... comme une vaine monnoye inutile à tout autre usage et emploite qu'à compter et jetter."

43 Montaigne, "De l'Inequalité qui est entre nous" I:42. Villey, 259.

44 Montaigne, "Du Pedantisme" I:25. Villey, 139.

45 Li, "Du shu le, bing yin" (The Pleasure of Reading, Including a Preface). In *Fenshu* (*A Book to Burn*). *LZQJZ* 2:240. Translation modified from *BBBKH*, 211-12.

to possess uniquely keen interpretive powers that allow him to see directly to the bone. Montaigne employs a similarly bodily metaphor in which he imagines layers of meaning, the most important of which are hidden below the surface. Somewhat more humbly than Li, Montaigne avers, "de cent membres et visages qu'a chaque chose, j'en prens un tantost à lecher seulement, tantost à effleurer; et par fois à pincer jusqu'à l'os[46]". Clearly, he believes himself capable of interpreting texts no less incisively than Li, even if he doesn't exercise this ability all the time. Montaigne elsewhere adopts a more self-effacing demeanor; using similar logic of uncovering buried meanings, he confesses, "mon jugement ne s'en croit pas … Il s'en prend à soy, et se condamne, ou de s'arrester à l'escorce, ne pouvant penetrer jusques au fons, ou de regarder la chose par quelque faux lustre[47]".

False modesty aside, however, Montaigne clearly prides himself on his own nimble and independent judgment. Unwilling merely to accept established opinions, no matter how authoritative or widespread, he eagerly embraces any opportunity to exercise his own powers. Proudly touting this practice and habit of mind, he proclaims, "le jugement est un util a tous sujects et se mesle par tout. À cette cause, aux essais que j'en fay ici, j'y employe toute sort d'occasion[48]". Again and again, the *Essais* showcase Montaigne expressing views that oppose mainstream opinion or common knowledge: he provocatively declares Cicero's prose style "ennuyeuse[49]" and opines that "il n'y a rien de barbare et de sauvage" among the cannibals of Brazil[50].

If Montaigne delighted in challenging popular opinion, Li thrilled to subvert state dogma. In chapter after chapter of his historical works *A Book to Keep (Hidden)* and *Another Book to Keep (Hidden)*, Li systematically reverses orthodox Confucian interpretations of historical figures, beginning with the first emperor of China, whom the canonical Han dynasty historian Sima Qian had regarded as a brutal dictator[51]. Li Zhi, by contrast, lauds him as "the greatest emperor of

46 Montaigne, "De Democritus et Heraclitus" I:50. Villey 302.

47 Montaigne, "Des Livres" II:10. Villey, 410.

48 Montaigne, "De Democritus et Heraclitus" I:50. Villey, 301.

49 Montaigne, "Des Livres" II:10. Villey, 413.

50 Montaigne, "Des Cannibales" I:31. Villey, 205.

51 Yang Yucheng terms this interpretive habit of mind "oppositional reading." Yang Yucheng, "Qimeng yu baoli." In *Taiwan xueshu xin shiye. Zhongguo wenxue zhi bu (er)*. Edited by Lin

all time[52]". Such wildly unorthodox judgments characterize the entire multi-volume work, in the preface to which Li devilishly declares, "Those who were envied and admired in earlier ages … I myself have mostly regarded as fakes[53] …" Through his own audacious example, Li models for readers the practice of making independent and unconventional judgments.

But neither Li nor Montaigne is content merely to set their own example before readers' eyes; they also explicitly encourage their readers to cultivate *their own* judgment. In an uncharacteristically pedantic passage, Montaigne reminds readers, "il faut garder de s'attacher aux opinions vulgaires, et les faut juger par la voye de la raison, non par la voix commune[54]". Elsewhere, he more playfully welcomes readers to use the very book in their hands – the *Essais* – as a whetstone for honing their judgment: "J'aimeray quelqu'un [un lecteur] qui me sçache deplumer, je dy par clarité de jugement[55]…". By welcoming readers to disagree with him and by interlarding his writings with copious internal contradictions, Montaigne actively elicits participatory – and even oppositional – reading. His text is constructed so as to force the issue, since agreeing with opinions voiced in one part of the text will necessarily entail clashing with opinions expressed elsewhere in its pages.

Similar techniques abound in Li's writings, texts replete with self-contradictions, paradoxes, and ironies. However, Li's methods for provoking readers appear more subtle than those of Montaigne. In the preface to *A Book to Keep (Hidden)*, Li nonchalantly remarks, "It would be fine for one to say that [in this book] I have overturned the judgments of right and wrong established through millions of generations, and then [in turn] for one to overturn *my* judgments of right and wrong". Li's statement echoes Montaigne's suggestion that readers *ought* to pit their judgment against his. But unlike Montaigne, Li immediately retracts

---

Mingde and Huang Wenji. Taipei: Wunan tushu chuban gufen youxian gongsi, 2007: 901-986. See also, Handler-Spitz, *Symptoms* 131.

52 Li, "Qin Shihuang" (Qin Shihuang). In *Cangshu* (*A Book to Keep [Hidden]*). In *LZQJZ* 4:45. Translated in *BBBKH*, 320.

53 Li, "Du shu le, bing yin" (The Pleasure of Reading, Including a Preface). In *Fenshu* (*A Book to Burn*). *LZQJZ* 2:240. Translated in *BBBKH*, 212.

54 Montaigne, "Des Cannibales" I: 31. Villey, 202.

55 Montaigne, "Des Livres" II:10. Villey, 408.

his invitation, stating, "But it would also be fine for one to put one's trust in my judgments[56]". Thus, whereas Montaigne prescriptively guides his readers toward one approved strategy of reading the *Essais* (i.e. one *should* disagree with what one reads), Li feigns to leave open the possibility that readers may reject *or accept* his conclusions, according to their own judgment and tastes.

Li's position, however, is simply a façade. Elsewhere, he makes clear that he shares Montaigne's hope that readers will *not* simply accept his conclusions but rather challenge themselves to sharpen their own judgment by grappling with the many contradictory ideas presented in his texts. He writes,

> A hundred years or more from now, if someone sees this book and sheds tears, steadfastly follows his [own] ambitions and does not worry about what other devils may think, strengthens his [own] bones and does not fear encountering trouble, if he is not misled from first to last [by opinions other than his own] and stands strong… then my book will not have been written in vain[57].

Clearly, the type of readership he imagines is not comprised of docile yes-men; his ideal readers bring their own critical judgment to the act of reading and welcome the challenge of sparring intellectually with the words on the printed page.

Were these expectations met? How did historical readers respond to Li and Montaigne's books? Elsewhere, I have studied the reception history of these works during the first fifty years after publication[58]. In each case, evidence suggests that some readers did indeed rise to the challenge the books embodied: they used the texts as tools for sharpening in themselves the skeptical and oppositional reading strategies Li and Montaigne both embodied and endorsed. Writing after Li's death, his dear friend Jiao Hong (1541-1620) affirmed "There are readers capable of picking through [Li's] assertions and completely overturning established

56 Li, "*Cangshu* Shiji liezhuan zongmu qianlun" (Introduction to the Table of Contents of the Historical Annals and Biographies). In *Cangshu* (*A Book to Keep [Hidden]*). LZQJZ 4:1. Partially translated in *Symptoms of an Unruly Age*, 132. For a complete translation, see *BBBKH*, 317-19.

57 Li, "*Laoren xing* xu" (Preface to *The Actions of an Old Man*). In *Xu Fenshu* (*Another Book to Burn*). In *LZQJZ* 3:177.

58 Rivi Handler-Spitz, "Provocative Texts: Li Zhi, Montaigne, and the Promotion of Critical Judgment in Early Modern Readers," *Chinese Literature: Essays, Articles, Reviews* 35 (2013), 142-143.

views. Li would have been delighted with such readers[59]". Another contemporary, the celebrated scholar Chen Renxi (1581-1636), affirmed, "The readers of the world who take delight in singing [Li's] words out loud … are precisely those who do them a disservice. Indeed, to put one's trust in Li's judgments … is as wrong as to seek to suppress his writings simply because one does not endorse his judgments[60]". And another contemporary, Wu Congxian, wrote, "agreeing with [Li] in his estimation of what is right does not prevent one from having one's own view on what is wrong. And agreeing with him about what is wrong does not prevent one from having one's own views on what is right[61]".

While such remarks do not account for the extant reactions of all readers, similar remarks can be found among the writings of early readers of Montaigne's *Essais*. For instance, a letter penned in 1626 by Jonathan de Saint-Sernin states,

> … en ces miennes Observations sur son livre [celui de Montaigne], j'ay voulu ensuivre son humeur et façon de faire, ne me liant point à l'opinion de l'Autheur, ains produits naivement mon jugement sur le sujet dont il est question. … c'est à sçavoir [lorsqu'on lit des livres] de n'espouser et embrasser l'opinion de nul Autheur, excepté la saincte Escriture, mais au contraire il faut qu'un bon esprit tasche à subtiliser tousjours quelque chose s'il peut sur l'Autheur qu'il lira[62].

These remarks demonstrate that each author succeeded in stimulating the judgment of at least a few skilled readers.

Despite vast differences in the cultural, religious, political, and ideological landscapes of Montaigne's France and Li's China, the numerous similarities in these authors' worldviews, thematic preoccupations, and stylistic choices should give us pause. The commonalities I have pointed out do not arise as a result of influence from "core" to "periphery":

59 Jiao Hong, "Jiao Hong xu," (Preface by Jiao Hong), in Li Zhi, *Cangshu* (*A Book to Keep [Hidden]*). In *LZQJZ* 8:696.

60 Chen Renxi, "Cangshu xu" (*Preface to A Book to Keep [Hidden]*). In *Wumengyuan chuji*, section "Ma si" (Horses, part 4), unpaginated edition. Microform. China: Dayao chenya, 1633?

61 Wu Congxian, "Shigang pinyao xu." In Xiamen daxue lishi xi, ed. *Li Zhi yanjiu cankao ziliao*. 2 vols. Xiamen: Fujian renmin chubanshe, 1975: 2:113.

62 Jonathan de Saint-Sernin, *Essais et observations sur les Essais du sieur de Montaigne* (London: E. Allde, 1626), reprinted in Olivier Millet, *La première réception des "Essais" de Montaigne, 1580-1640*, Études Montaignistes 23 (Paris: Classiques Garnier, 2023), 211-213.

Li and Montaigne wrote in total ignorance of one another's existence, each believing *himself* to occupy the cultural center. Their writings register responses to analogous pressures affecting disparate societies undergoing rapid and unpredictable change in far-flung regions of a polycentric world. In the throes of these changes, neither society had yet developed stable institutions or habits of mind for adjudicating among competing narratives or coping with the increasingly frequent assaults against established tradition. Thus these writers and their contemporaries found themselves in the precarious state of needing to adjudicate for themselves among many conflicting truth claims. The florid inconsistencies their writings evince seem to deny the very possibility that any problem could have a definitive answer. Instead, they present readers with a multiplicity of incompatible hypotheses, which readers must weigh and consider against one another. Thus the texts mirror the complexities of their authors' and readers' lives. For, just as contemporaries in cosmopolitan centers had to inspect each material object in the marketplace and assess each theory presented in print, so readers had increasingly to renounce their reliance on authority and hearsay, and take upon *themselves* the responsibility of interpretation. Reading Montaigne's *Essais* alongside writings by Li demonstrates that the anxieties about falsification so prevalent in Montaigne's writings were not his alone, nor even particular to Europe. It shows us that they were also and in equal measure quintessentially early modern phenomena.

Rivi HANDLER-SPITZ
Saint Paul (USA)

UN HUMANISTE JAPONAIS FACE À MONTAIGNE

Le XXe siècle au Japon a engendré un humaniste digne de ce nom, Kazuo Watanabe (1901-1975), qui a contribué à la diffusion de l'humanisme français dans notre pays. Maître de Kenzaburo Oe, Prix Nobel de littérature, il a exercé une forte influence sur les intellectuels de la génération suivante[1]. Sa traduction de Rabelais, où humour et érudition se mêlent, est restée la seule pendant plus d'un demi-siècle, irremplaçable jusqu'à ce que Shiro Miyashita n'en lance une nouvelle (2005-2012), abordable celle-ci aux jeunes lecteurs.

Rabelaisant, Watanabe se montre « montaignien » lorsqu'il écrit de nombreux essais aux sujets variés destinés à un public plus large. D'ailleurs dans ses écrits, spécialisés ou de vulgarisation, il cite le nom de Montaigne sinon plus, du moins aussi souvent que celui de Rabelais. Il aurait aimé traduire *Les Essais*, m'a-t-on dit, si Hideo Sekine[2] ne s'était pas déjà engagé dans cette tâche.

Ses *Œuvres complètes* comportent huit articles sur Montaigne, dont deux remontent à 1929, dix ans avant sa première tentative de traduction de Rabelais. Celui paru en mai de cette année-là, intitulé « Montaigne et André Gide », reprend presque mot à mot l'article d'Albert Thibaudet qui porte le même titre et qui est publié dans *Les Nouvelles littéraires* (31 mars 1929). L'article paru fin mars en France est donc introduit sous la forme d'une traduction libre au Japon au mois de mai. Cette rapidité montre combien les lecteurs japonais de l'époque étaient avides des nouveautés littéraires venant de France.

Thibaudet rend compte du « Montaigne » d'André Gide paru dans *Commerce* (hiver, 1928). Il soutient que Gide, à travers Montaigne,

1 Voir Aya Iwashita, « Réception et intégration de Rabelais au Japon », *Inextinguible Rabelais*, Classiques Garnier, 2021, p. 719-729.

2 Hideo Sekine (1895-1987) a commencé sa traduction en 1935.

aborde des problèmes qui lui sont particuliers et les énumère un par un, notamment le fait que Gide « appelle Montaigne à son aide dans sa bataille pour l'individualisme ». Watanabe consacre à peine trois lignes à cette question, alors que Thibaudet s'étend longuement sur ce point :

> Il [Gide] remarque quelque part que le message du Christ ne concerne que les individus. Il est bien curieux que le hasard l'ait fait naître dans une famille d'économistes, c'est-à-dire d'intellectuels qui ont pour profession de nier l'individu, de l'éliminer de leurs propos. D'où son contraste absolu, avec son oncle Charles Gide[3].

Si Watanabe a omis « le message du Christ », c'est sans doute que le christianisme n'a pas pénétré dans la culture japonaise de l'époque. L'origine familiale de Gide ne concernant pas directement les lecteurs japonais, Watanabe a dû considérer que ce n'était pas la peine d'expliquer qui il était. Sa façon d'adapter le texte original montre qu'il est un vulgarisateur efficace.

Or Gide passe sous silence ce qui ne le touche pas chez Montaigne, comme les réflexions sur le stoïcisme ou l'apologie de Raymond Sebond. Watanabe le constate, comme le faisait Thibaudet, mais cela ne l'empêche pas de s'intéresser au « complexe Montaigne-Gide » qui constitue « un amalgame d'éléments qui s'opposent ou qui se fondent[4] ». Il semble que Watanabe a besoin de son contemporain Gide pour pouvoir contempler le classique kaléidoscopique qu'est Montaigne.

Watanabe qui s'est limité à présenter l'article de Thibaudet en mai 1929 se tourne encore une fois vers Gide au mois d'août. Entretemps, Gide a publié une autre étude sur Montaigne intitulée « Suivant Montaigne » en juin dans la *NRF*. Watanabe en tient compte dans son nouvel article, les deux études étant selon lui complémentaires, il les traite simultanément.

Watanabe souligne « l'originalité de Gide qui tient à observer Montaigne sous l'angle ou du point de vue d'un homme moderne, Montaigne qui est vénéré jusqu'à nos jours par les professeurs et les historiens, mais qui, d'autre part, est menacé de tomber en désuétude[5] ». Il relève ensuite trois points essentiels qu'il a cru saisir dans les deux

---

3 Albert Thibaudet, *Les Nouvelles littéraires* (30 mars 1929)

4 Kazuo Watanabe, *Œuvres complètes*, t. 4, Tokyo, Chikuma Shobo, 1971, p. 126.

5 Kazuo Watanabe, *Œuvres complètes*, t. 4, Tokyo, Chikuma Shobo, 1971, p. 129.

études de Gide sur Montaigne. Premièrement, Gide suppose que l'amitié qu'a éprouvée La Boétie envers Montaigne a dû conduire ce dernier à se comporter comme son ami aurait aimé qu'il le fît. Après la mort de celui-ci, Montaigne s'écarte subtilement de l'esprit stoïcien pour vivre et écrire « négligemment ». Gide affirme que « c'est ce "négligemment" que nous aimons dans Montaigne[6] ». Watanabe, de son côté, mentionne Pierre Louÿs, Paul Valéry et Paul Claudel, tous amis de Gide qui ont pu jouer dans sa vie le même rôle que La Boétie. L'idée de Gide sur l'amitié de Montaigne reflèterait donc sa propre expérience personnelle.

Deuxièmement, il s'agit de la dernière heure de Montaigne. Selon Gide, s'il est mort en bon chrétien malgré son esprit païen, c'est par considération pour sa famille. Que cette interprétation soit pertinente ou non, Watanabe pense qu'elle est digne d'intérêt et typique de Gide.

La troisième constatation porte sur la façon dont Montaigne a traité la nature humaine. Montaigne, au terme de sa quête de soi, se rend compte des subtilités de son projet qu'il redéfinit ainsi : « Je ne peins pas l'estre. Je peins le passage[7] ». L'existence du sujet qui assume le « passage » lui fait découvrir « en soy une forme sienne, une forme maistresse[8] ». C'est en ce sens que Gide appelle Montaigne « particulariste » qui s'intéresse à « la particularité de chaque figure[9] ». Comme tel, Montaigne pense à la complexité de l'homme dont les actions nous échappent, « tant elles sont doubles et bigarrées à divers lustres[10] ». La conscience de la dualité humaine annonce l'inconscient et Gide, en reconnaissant une dimension freudienne à l'attitude de Montaigne, cite les noms de Dostoïevski et de Proust. Montaigne, tout en sachant qu'il existe un monde différent de celui qui peut être connu, n'a pas osé s'y aventurer.

En lieu et place de conclusion, Watanabe se contente d'indiquer que l'article de Gide lui-même est plus intéressant que la présentation qu'il vient d'en faire. Sa fausse modestie fait penser à Montaigne qui conseille au lecteur de ne pas perdre son temps en le lisant.

---

6 André Gide, « Montaigne », *Essais critiques*, Édition par Pierre Masson, Gallimard, coll. Pléiade, 1999, p. 673. Voir K. Watanabe, *op. cit.*, t. 4, p. 131.

7 Montaigne, *Les Essais*, Édition par Jean Balsamo, Michel Magnien et Catherine Magnien-Simonin, Gallimard, coll. Pléiade, 2007, p. 845, cité par A. Gide, *op. cit.*, p. 666. Voir K. Watanabe, *op. cit.*, t. 4, p. 132.

8 A. Gide, *op. cit.*, p. 669. cité par K. Watanabe, *loc. cit.*

9 A. Gide, *ibid.*, p. 674. Voir K. Watanabe, *ibid.*, p. 133.

10 A. Gide, *ibid.*, p. 672, cité par K. Watanabe, *loc. cit.*

Watanabe ne cesse de revenir au « complexe Montaigne-Gide[11] » ; les deux études de Gide sur Montaigne sont traduites par lui et publiées en livre de poche en 1939. Dans de nombreux articles et essais qu'il n'a cessé de publier de l'avant-guerre jusqu'à l'après-guerre, il se réfère à Montaigne souvent par le biais de Gide. Il s'agit moins d'un problème de goût, ce nous semble, que d'un choix délibéré. Abordant Montaigne, Gide refuse de se soumettre à une méthode définie :

> Tel que je suis, je le (Montaigne) prends tel qu'il est. Il m'aurait pardonné de parler de lui de cette manière désultoire qui lui est propre. Tout ordre qu'on essaie d'apporter en un tel sujet le trahit[12].

L'année 1929 où Gide écrit son « Montaigne », plus de dix ans après la première guerre mondiale, il la considère pourtant comme faisant partie de l'« après-guerre », époque où « les esprits constructeurs sont particulièrement en faveur[13] ». Ce qui est exigé d'un auteur, c'est de « proposer un système », alors que Montaigne « ne nous apporte aucun système[14] ». Gide, se classant du côté de Montaigne et tournant le dos aux systèmes, essaie de le suivre dans ses moindres mouvements. En ce sens, l'étude de Gide est elle-même un « essai » à la manière de Montaigne, à tel point que, sans les guillemets, on aurait du mal à distinguer Gide et Montaigne.

Watanabe lui aussi est un auteur qui « essaie » sans trop se soucier de l'organisation systématique. Comme tel, il relève de la tradition japonaise du *zuihitsu*, terme qui peut être traduit par « essai au fil du pinceau ». Celui-ci (*zuihitsu*), à la différence du syllogisme, respecte le courant naturel de la pensée ou feint de le respecter au moins. Un exemple suffira pour s'en rendre compte. Il s'agit des *Heures oisives* d'Urabe Kenkô, écrites au milieu du XIVe siècle et considérées comme un des trois grands essais du Japon ancien. Dans le chapitre XCIII, un homme commence à parler de deux personnes dont l'une vend son taureau à l'autre. Le lendemain l'acheteur est censé payer et venir chercher l'animal. Or celui-ci meurt dans la nuit. C'est l'acheteur qui est bénéficiaire, affirme le narrateur de l'histoire, alors que le vendeur a subi une perte. Quelqu'un le réfute

11 K. Watanabe, *op. cit.*, t. 4, p. 126.
12 A. Gide, *op. cit.*, p. 665. Voir K. Watanabe, *ibid.*, p. 126.
13 *Ibid.*, p. 665.
14 *Ibid.*, p. 665.

en disant que le vendeur, lui, est vivant à la différence de son taureau mort. Comme un jour de vie est plus important qu'un monceau d'or et que le prix d'un taureau n'a aucune valeur, comparé à la vie, on ne peut pas prétendre que le vendeur ait perdu grand-chose. Sur ce, tout le monde se moque de lui, mais cela ne l'empêche pas de continuer :

> Par conséquent, si l'on hait la mort, on doit aimer la vie. Pourquoi donc ne pas goûter, jour après jour, la joie de vivre ? [...] Si les hommes ne goûtent point la vie, c'est parce qu'ils ne craignent pas la mort. Ou plutôt, ce n'est pas qu'ils ne craignent pas la mort, mais qu'ils oublient son imminence[15].

Cela a tout l'air d'un *carpe diem* ou d'un *memento mori* à la japonaise. Mais cette constatation, au lieu de clore l'anecdote, finit par être la risée de tous. Ainsi, dans ce court dialogue qui aurait pu être platonicien, celui qui joue le rôle de Socrate n'est pas compris de son interlocuteur jusqu'à la chute abrupte de l'histoire.

L'auteur de cet essai prétend qu'il « note sans dessein précis les bagatelles dont le reflet fugitif passe[16] » dans son esprit. Mais le lecteur attentif trouvera que tout est construit de façon précise sans que cette précision se voie au premier abord.

Watanabe qui se nourrit de cette tradition japonaise de l'essai, a dû apprécier la « manière désultoire » de Gide, et Montaigne, le maître de Gide en la matière, doit être pour lui plus abordable que Rabelais dans un certain sens. De la sorte, les articles de Watanabe sur Montaigne se veulent montaigniens de trois façons. Premièrement, il ne craint pas la prolifération des citations. Deuxièmement, comme Montaigne qui, selon Gide, « pense un peu trop par images[17] », Watanabe a tendance à déployer des métaphores imagées. Troisièmement, doté d'esprit critique, il montre un vif intérêt pour son époque.

Abordons de ce point de vue son troisième article intitulé « Esquisse sur Montaigne ». Ce dernier est écrit en 1933, l'année du quatrième centenaire du Bordelais. Watanabe traite d'abord « la notion de la limite » pour passer ensuite à « la construction qualitative des *Essais* », et finalement, à « l'attitude de Montaigne à l'égard de la nature humaine[18] ».

---

15 Urabe Kenkô, *Les heures oisives*, traduction par Charles Grosbois et Tomiko Yoshida, Gallimard / Unesco, 1968, p. 93.

16 *Ibid.*, p. 45.

17 A. Gide, *op. cit.*, p. 699.

18 K. Watanabe, *op. cit.*, t. 4, p. 136.

Dans un premier temps, il remarque que la mort de La Boétie lui a fait abandonner graduellement les philosophies antiques, notamment le stoïcisme. En d'autres termes, « il renonce au contrôle idéologique de soi pour s'observer de façon personnelle et concrète[19] ». Cette modification se lit dans l'« Apologie de Raymond Sebond », où Montaigne est censé défendre les idées de Sebond qui prouve les vérités de la foi en s'appuyant sur la raison ; en fait, il essaie de poser les limites de la raison. Il trace une ligne de démarcation et dresse des murs à l'intérieur desquels il se balade. Pourtant, selon Watanabe, expert en métaphore, les seuls murs ne sont pas suffisants :

> Montaigne a bâti des donjons et creusé des passages souterrains. Les murs ont pour objet d'éviter la confusion, tandis que les donjons et les passages sont contre le fanatisme. Ainsi, les plates connaissances sont mises en relief, et les valeurs figées deviennent dynamiques. Montaigne est le premier penseur à nous apprendre la relativité de la foi et la compréhension dynamique de l'objet[20].

On essaie de lui coller diverses étiquettes comme sceptique, stoïque, épicurien, mais « la graisse qui suinte de sa peau les empêche d'y adhérer[21] ». Dans ces circonstances, l'homme libre qu'est Montaigne nous impressionne, et nous fait comprendre notre manque de liberté qui vient de ce que nous ne sommes pas conscients des limites de notre intelligence.

Avec cette constatation, Watanabe passe à « la construction qualitative » de l'œuvre, qui s'attache à la fois au style et à la tournure d'esprit. Il emprunte cette expression à Léon Daudet qui, dans *Flambeaux*, compare Montaigne avec Proust. Daudet admet que Proust comme Montaigne est « doué de l'esprit d'analyse et de rassemblement synthétique », mais « l'âme est absente de son œuvre[22] » :

> Dans la succession de l'œuvre de Proust, tous les événements de l'esprit humain [...] sont envisagés, mais on dirait qu'il s'agit de mécaniques, qu'il s'agit de rouages, d'éléments uniquement quantitatifs. Cette faculté d'analyse

19 *Ibid.*, p. 137.

20 *Ibid.*, p. 138.

21 *Ibid.*, p. 139.

22 Léon Daudet, *Flambeaux*, Bernard Grasset, 1929, p. 109-110, cité par K. Watanabe, *ibid.*, p. 140.

> animée et qualitative qui est dans les *Essais* de Montaigne ne se trouve pas dans l'œuvre similaire de Marcel Proust[23].

S'appuyant sur la citation de Daudet, Watanabe relève comme point commun leur mépris extrême pour l'équilibre et la cohérence. Leur style, loin d'être un embellissement rhétorique, résulte de leur effort pour reproduire la complexité de la réalité dans une œuvre littéraire.

Vient ensuite le problème de la nature humaine chez Montaigne. Elle se manifeste à travers le moi qui est l'objet de ses études. « Ses mouvements, instables, fragiles, éphémères et subtils vont être saisis par Montaigne subtilement et de manière tant qualitative que quantitative[24] », indique Watanabe qui commence à citer Gide. Celui-ci, de sa part, cite sans tarder Montaigne. En lisant cette partie du texte, le lecteur doit se demander qui parle : Gide, Montaigne ou Watanabe. À force de le relire avec attention, nous nous apercevons que la citation de Gide où sont imbriquées celles de Montaigne s'étend sur plus d'une page, que complètent à peine deux lignes de Watanabe :

> Voilà mes idées actuelles sur Montaigne. Ce que je sens après avoir rédigé cet article, c'est que, quand on parle de Montaigne, chacun parle après tout de ses propres souhaits, me semble-t-il[25].

Cette conclusion inattendue fait d'un seul coup de la mosaïque des citations une œuvre originale de Watanabe marquée par son style imagé. Il est un prestidigitateur de la littérature, émule de Gide et disciple de Montaigne, dans la mesure où il sait tirer profit de la citation qu'il fond dans son propre texte.

Il nous reste à signaler les critiques que Watanabe adresse à son temps. Un des meilleurs exemples se trouve dans son article « Les études sur Montaigne et leurs époques » publié en 1934. À la manière de Jacques Boulenger, auteur de *Rabelais à travers les âges*, Watanabe envisage la réception de Montaigne depuis le XVIe siècle et résume les principales études sur le Bordelais parues au XXe siècle. Puis il met l'accent sur la méthode de Montaigne qui consiste à distinguer la connaissance et la foi et qui fait de lui un éveilleur pour chaque époque. Même si la nôtre

23 L. Daudet, *ibid.*, p. 110. Voir K. Watanabe, *loc. cit.*

24 K. Watanabe, *op. cit.*, t. 4, p. 141.

25 *Ibid.*, p. 143.

risque d'y voir « un libéralisme opportuniste », c'est dans la folie de la modernité que sa méthode doit s'imposer :

> Montaigne prouve qu'au XVIe siècle, entre Rome catholique et Genève calviniste il existait un terrain de régénération. Les problèmes de nos jours sont certes sérieux et complexes, mais Montaigne semble nous prêcher qu'entre la Rome fasciste et la Moscou communiste il existe un terrain de régénération que chacun de nous doit rechercher[26].

Watanabe, dans une note écrite en 1970, fait remarquer que l'année 1934 est celle où Hitler devint Führer et admet qu'il n'avait pas en vue Berlin et Moscou. En tout cas, il est à noter que, même dans l'article dont le but est de synthétiser les études sur Montaigne, Watanabe tient compte de la réalité de l'époque. La guerre entraîne une indéniable dégradation des conditions de vie mais aussi du climat intellectuel et moral et Watanabe doit affronter une situation difficile dont il rend compte dans son journal de 1945. Après un long silence, il reprend la plume au mois de mars pour laisser un témoignage sur son temps, ce qu'il continue de faire jusqu'à la fin de la guerre. Pour éviter la censure, il rédige en français les passages les plus audacieux. Par exemple, si c'est en japonais qu'il se plaint des dégâts causés par une attaque aérienne – sa traduction de *Pantagruel* qui allait sortir de l'imprimerie a toute entière disparu en fumée –, c'est en français qu'il accuse les intellectuels qui « ne protestent pas », ce qui témoigne pour lui d'un « manque d'amour de la patrie, d'un manque de courage… et d'intelligence[27] ». Cette absence de solidarité lui fait sentir plus cruellement sa solitude comme il le relate le jour même du Quatorze Juillet :

> Chaque homme que je croise dans les rues me semble avoir une idéologie toute autre que la mienne[28].

Tout désespéré qu'il est, il tend à agir autant qu'il peut contre le courant nationaliste de l'époque. En même temps que son journal, il traduit en japonais *Avertissement à l'Europe* de Thomas Mann, dont la traduction

26 *Ibid.*, p. 151.

27 K. Watanabe, *Haisen nikki (Journal d'une défaite)*, Tokyo, Hakubunkan shinsha, p. 14 (La version japonaise se trouve dans *op. cit.*, t14, p. 565.)

28 *Ibid.*, p. 37 (*Ibid.*, p. 590.)

française a paru en 1937 avec la préface d'André Gide. Du moment qu'il ne le traduit pas directement de l'allemand, on ne peut pas le considérer comme un travail académique. Tout en le sachant, Watanabe a cru que, au bout d'un combat désespéré, si survivent quelques Japonais qui connaissent l'idée humaniste de Mann, on pouvait conserver un ferme espoir dans l'avenir.

Traduction, journal ou étude, tout est pour l'humaniste Watanabe moyen pour s'engager. Après que la liberté d'opinion est restaurée, il lance de nombreux écrits, dont la traduction de Mann publiée en 1946.

En 1947, il publie un article intitulé « Montaigne et les cannibales ». Sa construction est tripartite et il le parsème de critiques de la culture japonaise surtout sur la fin. Au début, il constate que le Japon du XVIe siècle ne s'est pas ouvert au monde extérieur, tandis que les Européens de l'époque étaient animés par une curiosité aiguë qui les a orientés vers le Nouveau Monde où ils ont découvert des hommes identiques à eux et qu'en admettant leur humanité, ils ont pu élaborer une vision du monde moderne.

Avant de passer à Montaigne il cite Rabelais pour qui les cannibales sont simplement des monstres ; le mot est défini dans la « Briefve declaration » du *Quart livre* :

> *Canibales.* Peuple monstrueux en Africque ayant la face comme Chiens, et abbayant en lieu de rire[29].

Rabelais compare aux cannibales les moines réactionnaires[30], figures inversées de Pantagruel ou des Thélémites. Ces modèles idéaux de l'homme à la Renaissance engendrés par Rabelais vont mûrir et se développer chez Montaigne pour qui les cannibales sont, loin d'être des monstres qui aboient, des hommes dotés de vertus que les Européens ont perdues ; son esprit critique a relativisé par le biais des cannibales toute la confiance en soi qui sous-tendait jusque-là la mentalité des Européens. Pour Watanabe, « un pays qui donne naissance à un tel personnage doit être appelé civilisé, et s'il engendre ces personnages plus tôt et en plus grand nombre que les autres, il s'agit d'un pays développé[31] ». Par

29 Rabelais, *Œuvres completes*, Édition par Mireille Huchon, Gallimard, coll. Pléiade, 1994, p. 703, cité par K. Watanabe, *op. cit.*, p. 160.

30 Rabelais, *op. cit.*, p. 519 et p. 615.

31 K. Watanabe, *op. cit.*, t. 4, p. 161.

ces mots, il critique sans doute indirectement le Japon qui pendant la guerre, sous une apparence civilisée, n'aurait pas supporté en fait la présence d'un Montaigne qui aurait critiqué son propre pays. L'attitude de Montaigne envers les cannibales se résume ainsi :

> [...], j'estime tous les hommes mes compatriotes ; et embrasse un Polonois comme un Français [...]. Nature nous a mis au monde libres et desliez, nous nous emprisonnons en certains destroits ; comme les Roys de Perse qui s'obligeoient de ne boire jamais autre eau, que celle du fleuve de Choaspez, renonçoient par sottise, à leur droict d'usage en toutes les autres eaux : et assechoient pour leur regard, tout le reste du monde[32] (3, 9, 1018).

L'Europe, à ce moment-là, était en proie à des conflits sanglants dus à l'expansion territoriale et aux guerres de religion, mais l'histoire allait prouver que Montaigne avait raison.

La deuxième partie de cet article porte essentiellement sur le chapitre XXX du livre premier, « Des Cannibales », où Montaigne parle de trois indigènes brésiliens qu'il a rencontrés à Rouen en 1562. Il a été fortement impressionné par leur bon sens et leurs bonnes manières. D'ailleurs, d'après Montaigne, la cruauté des Portugais envers leurs prisonniers est pire que celle des cannibales. En dénonçant la barbarie de ses contemporains, Montaigne « s'approche de la modernité d'un pas de plus que Rabelais », dans la mesure où « la conscience de sa propre barbarie constitue le premier pas d'un homme civilisé[33] » :

> Je voudrais insister sur le fait que, celui qui s'impose l'abolition de la discrimination avance d'un pas par rapport à celui qui en profite. Les « cannibales » qui ont été promus ou restaurés par Montaigne au rang des « hommes » n'auraient pas su après tout revendiquer eux-mêmes cette abolition. Dans ces circonstances, prendre conscience de son propre mal et se mettre soi-même en doute, c'est le commencement de la sagesse en tant qu'homme civilisé[34].

Me mettant du côté des cannibales, il m'est impossible d'adhérer entièrement à cette opinion ; mais on peut lire en filigrane l'inébranlable confiance de Watanabe en la civilisation européenne qui a su donner naissance à l'humanisme.

---

32 Cité par K. Watanabe, *op. cit.*, t. 4, p. 162.
33 K. Watanabe, *op. cit.*, t. 4, p. 165.
34 *Ibid.*, p. 167.

Dans la troisième partie, il est question du chapitre VI du livre troisième « Des coches » où Montaigne dénonce le traitement inhumain que les Espagnols ont infligé aux indigènes mexicain et péruviens. En conclusion, Watanabe s'adresse à ses compatriotes :

> Il faudra essayer de comprendre ce qui est curieux, ce qui est hors de notre compréhension ; cet effort est nécessaire pour une belle vie bien remplie. Il me semble que, même au XXe siècle, la Renaissance européenne doit léguer au Japon cette morale élémentaire, et s'il en est ainsi, c'est à cause des événements récents du Japon dus à une idéologie indiciblement hypertrophiée. Après tout, les Japonais, pour le reste du monde, ne sont-ils qu'un objet de curiosité en tant que « cannibales » ? Si pullulent ceux qui s'obligent à « ne boire jamais autre eau que celle du fleuve de Choaspez » et ceux qui ne veulent même pas penser que ce qu'ils boivent est uniquement l'eau du fleuve de Choaspez, cela m'inquiète[35].

Ainsi, « Montaigne et les cannibales » montre Watanabe qui s'irrite contre un Japon qui s'enferme dans son insularité. Humaniste, il ne cesse de prêcher la nécessité de la tolérance contre la folie qu'il a observée pendant la guerre. Il ne manque pas une occasion de se référer à Montaigne comme à l'un de ses prédécesseurs. Prenons un exemple. Un essai publié en 1951 porte un titre éloquent : « Est-ce que la tolérance, pour se défendre, doit se montrer intolérante envers l'intolérance ? » La réponse est, bien entendu, négative. En pareil cas, la seule « arme » permise à la tolérance, c'est « la persuasion et le retour sur soi-même[36] ». Face à l'intolérance, la tolérance reste donc impuissante, destinée à la défaite tout comme un homme devant une bête féroce ; n'empêche qu'il reste une faible chance de convaincre les intolérants à la différence des bêtes.

Watanabe, qui remonte dans l'histoire pour constater le caractère intolérant du christianisme, affirme que ce dernier commence à s'humaniser à partir de la Renaissance. Bien que l'époque soit marquée par l'inquisition et les guerres de religion, apparaissent au sein même du christianisme des hommes qui prônent la tolérance tel que Sébastien Castellion, Michel de l'Hôpital et Montaigne. Celui-ci savait qu'« en supprimant son rival dont les idées sont différentes, ce sont les idées de celui qu'on supprime qu'on fait valoir[37] ». Il est à remarquer que

35 *Ibid.*, p. 169.

36 K. Watanabe, *op. cit.*, t. 11, p. 165.

37 *Ibid.*, p. 170.

la notion de « bon sauvage » chez Montaigne a contribué à relativiser le christianisme jusque-là omnipotent. S'il a pu développer l'idée de tolérance, c'est grâce à son scepticisme « vigoureux » dont voici un exemple :

> L'agitation et la chasse est proprement de nostre gibier, nous ne sommes pas excusables de la conduire mal et impertinemment : de faillir à la prise, c'est autre chose. Car nous sommes nais à quester la verité [...][38] (3, 8, 972).

Watanabe cite le même passage dans d'autres essais, considérant que cette manière de penser sort d'« une bouche d'où jaillit l'esprit de la tolérance[39]. » L'intolérance pour lui n'est rien d'autre que « de la conduire mal et impertinemment ».

Ici, il se proclame optimiste dans la mesure où « l'augmentation du nombre des gens tolérants doit nécessairement freiner et atténuer les débordements de violence de l'intolérance[40] ». Toutefois, il y a un élément qui l'inquiète : l'intolérance semble « plus expéditive, facile, héroïque et viril » alors que la tolérance « exige la patience, rencontre la difficulté, semble lâche et efféminée[41] ».

Dans le Japon d'après-guerre où le machisme survit encore, Watanabe appréhende que l'humaniste ne paraisse lâche aux yeux de certains lecteurs ; quand il traite Montaigne, il n'oublie pas de mentionner son savoir-vivre. Voyons son *Introduction à la pensée littéraire de la Renaissance* (1959) qui se base sur ses notes de cours. Il explique aux lecteurs les périls attachés à une époque où les auteurs audacieux risquent de périr sur le bûcher. Déjà dans la première moitié du XVIe siècle, Rabelais a recours à cette plaisanterie amère : « Je le maintiens jusques au feu exclusive[42] ». La même expression se trouve chez Montaigne pour qui la situation est devenue plus grave[43]. Il se met du côté de la royauté, mais cela ne l'empêche pas de prétendre que sa « raison n'est pas duite à se courber

38 Cité par K. Watanabe, *Ibid.*, p. 171.

39 K. Watanabe, *op. cit.*, t. 11, p. 171.

40 *Ibid.*, p. 173.

41 K. Watanabe, *op. cit.*, t. 11, p. 173.

42 K. Watanabe, *op. cit.*, t. 5, p. 26. Il précise que Rabelais a utilisé cette expression quatre fois : Rabelais, *op. cit.*, p. 214 (*Pantagruel*, Prologue de l'Auteur), p. 361 (*Le Tiers Livre*, Chapitre III), p. 373 (*Le Tiers Livre*, Chapitre VII), p. 717 (*Le Quart Livre*, Ancien Prologue).

43 K. Watanabe, *ibid.* Dans sa note (p. 36), il se réfère à Montaigne : « Je suivray le bon party jusques au feu, mais exclusivement, si je puis » (3, 1, 832).

et flechir », ce sont ses « genoux[44] » (3, 8, 980). Il demeure dans le camp catholique, tout en fréquentant les protestants comme Henri de Navarre. Watanabe n'exclut pas la possibilité de le qualifier d'« indolent et lâche » et va jusqu'à supposer qu'« aux yeux de soi-disant personnes intègres, cet aspect de Montaigne pourrait être l'objet de critique comme celui d'un nageur entre deux eaux[45] ». Mais en fait, « il n'est pas un simple lâche qui ne tient qu'à sa propre vie[46] » :

> S'il se comporte de cette manière, il a encore une raison positive : il s'agit du souhait discret mais inextinguible qui consiste à prêcher autant qu'il vit « la tolérance » et « le scepticisme » aux hommes qui peuvent facilement céder au fanatisme[47].

Watanabe, parlant de Montaigne, parle probablement de lui-même qui éprouve le même souhait « discret mais inextinguible ». Pendant les quarante ans qu'il a passés en compagnie de Montaigne, le Japon dont le nationalisme « viril » avait été défait s'est métamorphosé en une grande puissance économique. Le fait qu'un humaniste a existé au Japon peut donc fournir un alibi à notre culture et maintenant, c'est le moment de faire sien sans arrière-pensée son « Que sais-je ? ».

Anna OGINO

44 Cité par K. Watanabe, *op. cit.*, t. 5, p. 43.
45 K. Watanabe, *loc. cit.*
46 K. Watanabe, *op. cit.*, t. 5, p. 45.
47 *Ibid.*

CODA – AU CREUX DU MYTHE

DIVERSITÉ ET OUVERTURE AU MONDE

Montaigne et la mythologie japonaise

Il y a de plus en plus d'étrangers au Japon. Avant la pandémie qui a débuté en 2020, le Japon accueillait une population non-japonaise toujours plus nombreuse. Il ne s'agit pas de touristes venus visiter et découvrir le Japon, mais d'étrangers qui sont installés et travaillent au Japon. Selon l'OCDE, en 2015 le Japon était au 8e rang mondial pour sa population de nationalité étrangère[1]. D'après l'Office de la capitale, en janvier 2023 à Tokyo, une personne sur dix parmi les 20-29 ans n'est pas d'origine japonaise[2]. L'accueil des travailleurs étrangers est un moyen de renforcer la population active. En effet, le Japon connaît une grave pénurie de main-d'œuvre[3]. Celle-ci est le résultat du récent déclin démographique ; cette décroissance de la population est entraînée par la baisse de la natalité (1,33 % en 2020 ; 1,30 % en 2021[4]). De fait, d'après le ministère de la Santé, du Travail et du Bien-Être du Japon, en décembre 2022, donc pendant la pandémie, ce pays comptait comme travailleurs plus d'un million huit cent vingt mille étrangers et ce nombre était le plus grand de l'histoire japonaise[5]. Vis-à-vis d'une telle tendance, tous les Japonais ne reconnaissent pas la réalité des faits et certains ont

---

1 Voir Hiroshi Mochizuki, *Deux Japons : le principe et la réalité d'un « pays d'immigration »*, "*Kôdansha-gendaï-shinsho*", Tokyo, Kôdansha, 2019, p. 20 [en japonais].

2 Voir « Le nombre des ménages et la population de Tokyo sur le registre de base des habitants », l'Office de Tokyo en janvier 2023 [en japonais] : https://www.toukei.metro.tokyo.lg.jp/juukiy/2023/jy23q10701.htm (consulté le 17/01/2024).

3 Voir Kensuké Sérizawa, *Des étrangers dans des supérettes japonaises*, "Shinchô-sensho", Tokyo, Shinchôsha, 2018 [en japonais], surtout le 1er chapitre « Pourquoi ils y travaillent ? », p. 15-40.

4 C'est le taux de fécondité selon le ministère de la Santé, du Travail et du Bien-Être du Japon, le 9 septembre 2022 [en japonais] : https://www.mhlw.go.jp/toukei/saikin/hw/jinkou/kakutei21/dl/03_h1.pdf (consulté le 17/01/2024).

5 Voir « L'état des déclarations de "l'Emploi des étrangers" à la fin d'octobre 2022 », le ministère de la Santé, du Travail et du Bien-Être du Japon, le 27 janvier 2023 [en japonais] : https://www.mhlw.go.jp/stf/newpage_30367.html (consulté le 17/01/2024).

des illusions sur leur nation : dans un livre publié en 2019, son auteur Hiroki Mochizuki fait remarquer : « Nos sens ne peuvent pas percevoir la réalité qui a connu un grand changement [...]. Beaucoup de Japonais étaient enclins à considérer comme naturel leur pays composé uniquement de "Japonais" partageant la même langue, la même culture et la même histoire[6] ». Se montrent-ils alors réticents à accepter les étrangers et à coexister avec eux dans leur pays ? D'autre part, si l'on jette un regard sur le passé, la réception des personnes et des cultures étrangères est loin d'être un phénomène nouveau au Japon. Depuis l'antiquité et dans divers domaines, celui-ci a subi de nombreuses influences venues de Chine ; plus près de nous, depuis la fin du XIXe siècle, il assimile rapidement la civilisation occidentale ; et de plus, après la Seconde Guerre mondiale, la vie des Japonais s'est largement américanisée : les vêtements, la nourriture, le divertissement, l'architecture, etc. Alors, nous allons examiner quelle tendance ou quelle particularité montrent les Japonais, quand ceux-ci reçoivent des personnes et des cultures d'autres pays. Pour essayer de répondre à cette question, nous allons lire certains mythes de la fondation de l'État, censés être un archétype de la civilisation japonaise. Si l'on y recherche la caractéristique des Japonais face aux étrangers, on pourrait comprendre un des aspects qui explique qu'ils soient attirés par Michel de Montaigne.

LA MYTHOLOGIE JAPONAISE ET LE TAOÏSME

LA STRUCTURE DU *KOJIKI*

Le livre d'histoire le plus ancien au Japon, le *Kojiki*, recueil des mythes compilés au VIIIe siècle par ordre de l'impératrice d'alors[7], inclut les mythes sur la genèse du Japon et les vies alléguées des premiers

6 H. Mochizuki, *ibid.*, p. 5. Selon Mochizuki, « au Japon habitent déjà beaucoup d'étrangers [...] dont le nombre atteint environ deux pour cent de la population du Japon à la fin de juin 2018 » (p. 16) ; et au cas où la population continue à diminuer et que les habitants étrangers augmentent, on peut penser que leur pourcentage s'approchera bientôt des niveaux des États-Unis et de la France (p. 21).

7 La compilation est commencée par l'empereur Tenmu (règne de 673 à 686), puis continuée et achevée par l'impératrice Genmei (règne de 707 à 715).

ancêtres de la famille impériale. Selon ces mythes, l'archipel du Japon surgit au monde grâce à un couple divin Izanagui et Izanami, respectivement censés être le dieu du ciel et la déesse de la terre[8] ; puis à partir de la purification des yeux d'Izanagui viennent au monde la déesse Amatérasu et le dieu Tukuyomi, enfin, suite à la purification de son nez, le troisième enfant Susanô. Izanagui ordonne à Amatérasu de gouverner le ciel, à Tukuyomi la nuit, et à Susanô la mer[9]. Ces frères et cette sœur, appelés « les trois enfants nobles » jouent un rôle très important dans la mythologie japonaise ; surtout Amatérasu, la déesse du soleil, dont la famille impériale est censée descendre[10]. Les mythes de ces trois enfants divins présentent une particularité intéressante : tandis que les vies d'Amatérasu et Susanô sont décrites en détail, presque rien n'est dit du deuxième enfant Tukuyomi[11] ; il est par ailleurs possible de trouver dans le *Kojiki* deux autres triades de divinités qui partagent la même caractéristique : chacune de ces triades « a une structure cohérente qui porte au centre un dieu oisif et inactif[12] », structure qu'un psychologue japonais Hayao Kawaï fait remarquer et appelle « structure creuse équilibrée » (*Tyûkû-kinkô-kôzô*[13]) signifiant qu'il n'y a rien au centre. En outre, ce psychologue jungien prétend que dans cette structure transparaît « la base sur laquelle se fonde l'origine des Japonais » et que « celle-ci semble soutenir invisiblement la structure des idées, des religions ainsi que de la société japonaise[14] ». Il est vrai que la déesse du soleil Amatérasu paraît

8 Ces dieux ont été présentés en Europe pour la première fois dans une lettre datée du 27 avril 1563, du jésuite portugais Gaspar Vilela arrivé au Japon en 1556 ; voir Georg Schurhammer, *Les dieux japonais vus par les jésuites*, Tokyo, Séïdosha, 2007, p. 23-25 [en japonais] (*SHIN-TÔ : Der Weg der Götter in Japan*, Bonn und Leipzig, Kurt Schroeder, 1923).

9 *Kojiki, Chronique des faits anciens*, par Pierre Vinclair, calligraphies de Yukako Matsui, Paris, Le Corridor bleu, 2011, p. 21-34.

10 Dans la lettre datée du 5 novembre 1549 (deux mois et demi après son arrivée au Japon), François Xavier écrit que le soleil et la lune sont les dieux du Japon. On pourrait les prendre pour Amatérasu et Susanô, mais le dernier est plutôt le dieu de la tempête (voir G. Schurhammer, *op. cit.*, p. 32).

11 *Kojiki*, *op. cit.*, p. 34-35.

12 H. Kawaï, *La structure creuse : les profondeurs du Japon*, "*Chûkô-bunko*", Tokyo, Chûôkôronshinsha, 1999, p. 40 [en japonais]. Schurhammer dit aussi : « … le dieu de la lune Tukuyomi n'est pas devenu célèbre comme sa sœur ; comme si sa naissance n'avait pas été mentionnée, il a éternellement disparu dans les légendes mythologiques » (G. Schurhammer, *op. cit.*, p. 32).

13 H. Kawaï, *La structure creuse : les profondeurs du Japon*, *op. cit.*, p. 49.

14 *Ibid.*, p. 34.

être la divinité principale dans la mythologie japonaise, mais notons aussi qu'elle entre en conflit avec son petit frère Susanô, qui l'emporte parfois ou se montre plus actif que sa sœur ; aucune de ces deux divinités n'arrive à s'accomplir ou même à apparaître comme meilleure ni comme principale divinité du panthéon ; même si l'une ou l'autre est temporairement centrale, quelque chose d'opposé se présente plus tard pour rétablir l'équilibre, et finalement la structure creuse perdure[15]. En ce qui concerne une telle structure, d'après Kawaï, « la logique sur laquelle se constitue la mythologie japonaise, ce n'est pas celle de l'intégration, mais celle de l'équilibre [...]. S'il n'y a rien au centre, il est possible de relativiser la distinction du bien et du mal [...]. C'est un modèle qui autorise la coexistence de camps antagonistes[16] ».

Pourquoi la triade est-elle la forme préférée[17] ? Afin de répondre à cette question, les études sur la mythologie japonaise suggèrent une possibilité : elles signalent, comme une divinité exceptionnelle, le troisième enfant Susanô, venu au monde à partir du nez d'Izanagui. En effet, on peut trouver en Égypte ou en Polynésie certains mythes prenant le soleil et la lune pour les yeux du ciel, et de tels mythes correspondent à celui des deux premiers enfants Amatérasu et Tukuyomi, nés des yeux du dieu du ciel[18]. Mais alors, d'où vient le troisième enfant ? Les études mythologiques considèrent que cette triade reflète le conflit entre deux zones religieuses du Japon[19] : celle qui s'étend autour de la cour impériale appelée « Yamato » et celle qui se répand autour de la région plus à l'ouest « Izumo » ; le premier espace compile le *Kojiki*, tandis que le seconde honore son dieu propre, Susanô. Il est probable qu'en rédigeant ce livre d'histoire pour affermir son autorité vis-à-vis de chaque région du Japon, la cour impériale « Yamato » a accepté le dieu d'une autre zone religieuse, trop important pour être ignoré, comme étant l'un des « trois enfants nobles ». Par conséquent, cette triade de divinités comprend l'opposition potentielle des deux dieux Amatérasu

15 *Ibid.*, p. 42-43.

16 *Ibid.*, p. 47-48.

17 D'après Kawaï, la triade pourrait dynamiser par le troisième élément la structure établie sur l'opposition binaire ; et elle donnerait plus de relief à toute la construction et l'image plus riche à l'œuvre ; en plus, le chiffre trois semble plus stable que le deux (*La mythologie et l'esprit des Japonais*, "*Iwanami-gendaï-bunko*", Tokyo, Iwanamishoten, 2016, p. 34-35 [en japonais]).

18 Takéshi Matumaé, *Les dieux japonais*, "*Kôdansha-gakuzyutu-bunko*", Tokyo, Kôdansha, 2016, p. 77 [en japonais].

19 *Ibid.*, p. 59-72 et p. 126.

et Susanô, mais il est possible que ce conflit mène à une réconciliation par l'intermédiaire de Tukuyomi, dieu oisif et désœuvré. La triade est donc cette forme préférée permettant de remettre en accord des éléments opposés. D'après Kawaï, « face à l'apparition d'un élément nouveau, la structure creuse équilibrée commence par "accepter"[...]. [Puis], au cours du temps, ce qu'elle a accepté [...] s'harmonise avec tous les autres éléments[20] ». Un exemple historique de cette mentalité japonaise se retrouve également au XVIe siècle : un jésuite japonais, Lourenço, baptisé par François Xavier, écrit dans une lettre datée du 2 juin 1560, que chaque secte des religions traditionnelles japonaises, bouddhisme et shintoïsme, voit dans le Dieu chrétien sa propre divinité[21].

LE TAOÏSME ET L'OISIVETÉ

Comme nous l'avons vu, la triade avec un dieu oisif et inactif est l'une des particularités de la mythologie japonaise. Pour les Japonais, « oisiveté » ne signifie pas seulement rester désœuvré, mais aussi laisser agir la nature ; comme ceux-ci apprécient bien la coexistence avec la nature, Kawaï pense que le dieu oisif dans la mythologie japonaise exprime leur conception du monde ainsi que celle de leur religion depuis l'antiquité. Par ailleurs, gardons à l'esprit que l'oisiveté s'apprécie également en Chine, dans le taoïsme[22]. Un autre livre d'annales sur l'histoire des origines du Japon, le *Nihon-Shoki*, compilé en 720 à la même période que le *Kojiki* (en 712), commence par la création du monde, dont la description est empruntée à la mythologie chinoise[23]. Ce fait, couramment connu, nous montre l'importance de l'influence chinoise sur le Japon à cette époque. Par exemple, dans la pensée chinoise, Lao-Tseu estime beaucoup la structure creuse :

> Une maison est percée de portes et de fenêtres,
> c'est encore le vide
> qui permet l'habitat.
>
> L'Être donne des possibilités,
> c'est par le non-être qu'on les utilise[24].

20 H. Kawaï, *La mythologie et l'esprit des Japonais*, *op. cit.*, p. 331 [en japonais].
21 G. Schurhammer, *op. cit.*, p. 89-90.
22 H. Kawaï, *La mythologie et l'esprit des Japonais*, p. 43.
23 *Ibid.*, p. 26.
24 Lao-Tseu, *Tao-tö king*, traduit par Liou Kia-hway, préface d'Étiemble, « Connaissance de l'Orient », Paris, Gallimard, 1990, XI, p. 44 ; Lao-Tseu dit aussi : « Le Tao lui-même n'agit

Le chercheur chinois Du Qin trouve lui-aussi chez Lao-Tseu des points communs avec la structure creuse de la mythologie japonaise en montrant une dépendance réciproque dans une relation apparemment opposée[25]. Selon Du, « en fait, les deux choses contradictoires dépendent réciproquement l'une de l'autre [...] et l'une est la condition d'être pour l'autre[26] » ; Lao-Tseu dit :

> ...l'être et le néant s'engendrent.
> Le facile et le difficile se parfont.
> Le long et le court se forment l'un par l'autre[27].

Et d'après Du, « les motifs fondamentaux de la mythologie japonaise sont étroitement liés aux idées chinoises, surtout aux valeurs et à la métaphysique du taoïsme ; celui-ci essaie de comprendre des contradictions sans perdre de vue l'ensemble et ainsi de les considérer comme cohérentes[28] ». La structure de la mythologie japonaise procède, comme le taoïsme chinois, de ce même mécanisme visant à écarter l'opposition.

L'OUVERTURE D'ESPRIT DE MONTAIGNE

LA STRUCTURE CENTRALE INTÉGRÉE (*TYÛSHIN-TÔGÔ-KÔZÔ*)

Dans ce contexte philosophique japonais, posons la question de savoir quel aspect de Montaigne nous intéresse[29]. Quant à ses idées

---

pas, / et pourtant tout se fait par lui », XXXVII, p. 73 ; voir H. Kawaï, *La mythologie et l'esprit des Japonais*, *op. cit.*, p. 334-335.

25 Du Qin, « Une analyse de la dialectique dans la mythologie japonaise : autour de sa relation avec le taoïsme », *Les études japonaises*, "Bulletin du Centre international de la recherche pour les études japonaises", Kyoto, Kokusaï-Nihon-Bunka-Kenkyû-Center, N° 20, 2000, (p. 69-80) p. 72-73 [en japonais].

26 *Ibid.*, p. 73.

27 Lao-Tseu, *op. cit.*, II, p. 34.

28 Du Qin, *op. cit.*, p. 79. Selon Du, Lao-Tseu pense aussi que le bien et le mal ne s'excluent ni ne s'opposent, mais ils se lient l'un l'autre (*ibid.*, p. 78) : « L'homme de bien est le maître de l'homme de non-bien. / L'homme de non-bien n'est que la matière brute de l'homme de bien (Lao-Tseu, *op. cit.*, XXVII, p. 61) ».

29 Il va de soi que le mot « nous » ne représente pas tous les Japonais, mais il signifie plutôt certains Japonais.

sur la religion et la foi, elles diffèrent très largement de la mentalité japonaise. Ainsi au cœur des guerres de religion, il se tient toujours catholique et déteste la nouveauté :

> Je suis desgousté de la nouvelleté, quelque visage qu'elle porte ; et ay raison, car j'en ay veu des effets très-dommageables. Celle qui nous presse depuis tant d'ans, elle n'a pas tout exploicté : mais on peut dire avec apparence, que par accident, elle a tout produict et engendré ; voire et les maux et ruines, qui se font depuis sans elle, et contre elle : c'est à elle à s'en prendre au nez (I, 22, 123[30]).

Cette attitude de Montaigne nous suggère une structure tout à fait différente de celle que l'on a vue à l'œuvre dans la mythologie japonaise ; c'est plutôt celle que Kawaï appelle « la structure centrale intégrée » ; d'après ce psychologue japonais, « dans la civilisation fondée sur le christianisme on voit généralement une structure dans laquelle un principe central puissant muni d'un pouvoir actif intègre l'ensemble » ; et « dans cette structure, il n'est pas admissible qu'il y ait une contradiction ou une divergence[31] ». En effet, au sujet de la foi de Montaigne, Jean Balsamo fait remarquer : « à la division née de la diversité, il opposait son refus de la nouveauté : alors que tout changeait, il était resté lui-même, il avait conservé son intégrité, il affirmait la vigueur inaltérée de sa foi catholique[32] ». Qu'est-ce qui lui fait alors manifester une telle position religieuse ? On pourrait considérer que c'est son intérêt pour les questions politiques ; il lui fallait maintenir sa foi pour éviter « des effets très-dommageables » et soutenir ainsi l'ordre social ; Balsamo écrit aussi : « selon lui, les troubles tirent leur origine non pas de la religion, mais des divisions en matière de religion. Celles-ci reposent sur la diversité des opinions humaines [...]. Cette diversité est l'expression du trouble de son jugement [de l'homme] et de la présomption de son vain savoir[33] ». Sur cette diversité, Montaigne dit :

> Tant d'humeurs, de sectes, de jugemens, d'opinions, de loix, et de coustumes, nous apprennent à juger sainement des nostres, et apprennent nostre jugement à recognoistre son imperfection et sa naturelle foiblesse (I, 25, 164).

30 M. de Montaigne, *Les Essais*, Édition établie par J. Balsamo, M. Magnien et C. Magnien-Simonin, "Bibliothèque de la Pléiade", Paris, Gallimard, 2007 ; toutes les références des *Essais* renvoient à cette édition.

31 Voir H. Kawaï, *La mythologie et l'esprit des Japonais*, *op. cit.*, p. 330-331.

32 J. Balsamo, *La parole de Montaigne : Littérature et humanisme civil dans les « Essais »*, Turin, Rosenberg & Sellier, 2019, p. 303-304.

33 *Ibid.*, p. 299.

Face à la diversité du monde, aucune idée, aucune coutume ne peut maintenir son caractère absolu ; aucune opinion n'occupe le centre dans « la diversité des opinions humaines ». En effet, Montaigne remarque une telle diversité même dans le domaine scientifique : sur l'opposition du géocentrisme et de l'héliocentrisme, il considère :

> Que prendrons nous de là, sinon qu'il ne nous doit chaloir lequel ce soit des deux ? Et qui sçait qu'une tierce opinion d'icy à mille ans, ne renverse les deux precedentes (II, 12, 604) ?

Ainsi Montaigne reconnaît-il la possibilité de l'apparition d'une autre théorie astronomique ; autrement dit, en supposant une nouvelle hypothèse, il essaie ici de mettre en équilibre les deux opinions scientifiquement opposées et d'éviter leur antagonisme. Selon Yvonne Bellenger, « il est difficile [...] de ne pas s'étonner devant la différence entre la constante affirmation de son conservatisme par Montaigne [...] et la non moins constante affirmation d'une liberté d'esprit intransigeante, récusant tout absolu et toute vérité définitive[34] ». Pour Montaigne, à part la vérité théologique, « nous n'existons que dans le relatif[35] ». Vis-à-vis de cette « liberté d'esprit intransigeante », on pourrait voir la structure permettant d'accepter la diversité. D'après Laurent Jenny, la connaissance de la révolution copernicienne « n'était pas si fréquent[e] vers 1580 hors des cercles savants [...] son sentiment du monde [de Montaigne] ne s'offusque pas *a priori* d'un renversement du géocentrisme[36] ». De plus, Montaigne présente la souplesse d'esprit de ne pas accorder une importance particulière à sa propre opinion ; à propos des sorcières, il dit ceci :

> Après tout c'est mettre ses conjectures à bien haut prix, que d'en faire cuire un homme tout vif (III, 11, 1079).

D'après Valérie M. Dionne, « il soutient qu'on ne peut s'octroyer le droit de punir, de torturer ou même de tuer un homme pour la force de son imagination, ou pour ses spéculations surnaturelles[37] ». Par conséquent, nous pourrions trouver ici un esprit de tolérance, et celle-ci semble se fonder sur cette structure dans laquelle aucune opinion, ni

---

34 Y. Bellenger, *Montaigne : une fête pour l'esprit*, Paris, Balland, 1987, p. 212.
35 *Ibid.*, p. 213.
36 L. Jenny, *L'Expérience de la chute : de Montaigne à Michaux*, Paris, PUF, 1997, p. 48.
37 V. M. Dionne, *Montaigne, écrivain de la conciliation*, Paris, Classiques Garnier, 2014, p. 192.

aucun jugement ne peut occuper une position centrale et exclusive. Selon Claude-Gilbert Dubois, qui traite de la tolérance de l'humaniste, « le principe résulte d'une observation : la reconnaissance de la diversité des productions de la nature[38] ». Même si la foi catholique est centrale dans la question religieuse, Montaigne accepte, dans d'autres domaines, la diversité des opinions humaines, dont aucune n'est centrale, ni exclusive.

DES MYTHES PARTAGÉS

C'est aussi dans les considérations sur la vie et la mort de Montaigne que l'on peut lire la même structure que dans les mythes japonais ; dans le chapitre II-6 « De l'exercitation », en se souvenant de sa chute de cheval, l'auteur réconcilie la vie avec la mort.

> Ceste recordation que j'en ay fort empreinte [de la mort] en mon ame, me representant son visage et son idée si près du naturel, me concilie aucunement à elle (II, 6, 392).

Il tente ici de remettre en accord l'opposition de la vie avec la mort. Et sur le réveil à la suite de l'évanouissement, il écrit comme s'il revenait vivant après être passé dans l'autre monde :

> … il me sembla que c'estoit un esclair qui me frapoit l'ame de secousse, et que je revenoy de l'autre monde (II, 6, 396).

Son souvenir de l'approche de la mort nous suggère ainsi la possibilité d'aller et venir entre les deux mondes et celle de franchir l'obstacle entre les deux états. D'après Géralde Nakam, Montaigne a « éprouvé, physiquement, que les ruptures se ressoudent, que, de la vie à la mort, de la mort à la vie, ce ne sont que des“passages”[39] ». Cette mémoire de la chute de cheval rappellerait à certains Japonais les deux mythes de la genèse du Japon, celui du couple de divinités Izanagui et Izanami ainsi que celui d'Amatérasu et Susanô ; après la disparition d'Izanami, son époux Izanagui ne peut pas l'oublier et va la chercher dans le Royaume des Ténèbres ; mais, bien qu'elle lui interdise de la regarder, il y retrouva

38 C.-G. Dubois, « tolérance » dans Philippe Desan (dir.), *Dictionnaire de Michel de Montaigne*, nouvelle édition revue, corrigée et augmentée, Paris, Honoré Champion, 2007, p. 1145.

39 G. Nakam, *Montaigne et son temps. Les évènements et les « Essais » : l'histoire, la vie, le livre*, Paris, Gallimard, 1993, p. 208.

son épouse métamorphosée en un monstre laid et hideux ; Izanagui terrifié, s'enfuit, échappant à la poursuite de nombreux démons et arrivant à jeter un rocher pour bloquer le passage entre les deux mondes[40]. Il va de soi que ce récit appartient aux mythes de type Orphée qui partagent les éléments suivants : 1) un époux se rend au Royaume des Ténèbres à la recherche de son épouse disparue ; 2) pour ramener celle-ci, il est obligé d'affronter un certain tabou, mais il finit par le briser ; 3) le mépris de cet interdit ferme à jamais le passage entre les deux mondes[41]. En effet, les études mythologiques font remarquer que la plupart des mythes grecs et japonais font partie de l'un de ces deux groupes : celui dit de type Laurasia (l'autre groupe étant de type Gondwana[42]). Le récit du va-et-vient entre la vie et la mort n'est donc ni étrange ni étonnant pour les Japonais.

À la suite de son retour du Royaume des Ténèbres, Izanagui donna naissance aux « trois enfants nobles », comme nous l'avons dit plus haut. L'un de ces trois enfants est Amatérasu ; cette déesse du soleil, la dominatrice du royaume du ciel, apprend que son petit frère Susanô va venir la voir et elle se méprend sur les intentions de celui-ci : elle craint qu'il ne vienne la priver de son royaume. Susanô, soupçonné par sa sœur, lutte avec elle et se démène comme un beau diable ; il finit par jeter un cheval dans l'atelier sacré affecté à la confection des vêtements ; Amatérasu effrayée, se cache dans la caverne, et il en résulte que le monde entier, perdant ainsi la déesse du soleil, plonge dans l'obscurité. Afin de retrouver la lumière, d'autres dieux organisent, par ruse, une fête devant la caverne afin de faire sortir la déesse. Une fois Amatérasu, poussée par la curiosité, sortie, le soleil éclaire de nouveau l'univers entier[43]. D'après les études mythologiques, ce récit reflète le solstice d'hiver ; pour les peuples d'agriculteurs, c'est le jour où le vieux soleil

---

40 *Kojiki*, *op. cit.*, p. 29-31. Dans ce mythe où il est possible de faire l'aller et retour entre la vie et la mort, Du Qin trouve un point commun avec le taoïsme qui relativise l'opposition entre la vie et la mort (Du Qin, *op. cit.*, p. 71) ; *Tchouang-tseu* dit : « … la vie est aussi la mort, et la mort est aussi la vie » (*L'Œuvre complète de Tchouang-tseu*, traduction, préface et notes de Liou Kia-hway, « Connaissance de l'Orient », Paris, Gallimard, 1985, II « La réduction ontologique », p. 38).

41 Akira Goto, *L'Initiation à la mythologie mondiale*, « *Kôdansha-gendaï-shinsho* », Tokyo, Kôdansha, 2018, p. 4-6 [en japonais].

42 En général ce classement correspond aux études sur les déplacements des hommes. Voir *ibid.*, p. 8-20.

43 *Kojiki*, *op. cit.*, p. 34-43.

disparaît et où le neuf vient au monde[44] : bref, c'est le jour de la renaissance du soleil[45]. Et certaines études japonaises font remarquer que ce mythe d'Amatérasu a des points communs avec celui de Déméter et Perséphone[46] ; dans ce mythe grec, Hadès, « monté sur son char, que traînent de noirs coursiers[47] », enlève cette jeune fille, et sa mère est si triste de l'enlèvement qu'elle ne permet pas à la terre de donner ses récoltes : selon Ovide, « elle maudit toutes les contrées de la terre, les appelle ingrates, indignes des moissons dues à ses bienfaits[48] ». Cependant, quand cette déesse des moissons reprend sa fille au royaume des morts d'Hadès par l'intermédiaire de Zeus, le printemps revient de nouveau : on dit que ce mythe raconte la renaissance de la vie au printemps. Ovide chante aussi Perséphone après l'arbitrage de Zeus :

> Aussitôt on la voit changer d'humeur et de visage ; car le front de cette déesse, qui pouvait paraître sombre même à Pluton, rayonne de joie ; ainsi le soleil, qu'obscurcissaient des nuages chargés de pluie, en sort victorieux[49].

C'est ainsi que dans le mythe grec, comme dans le mythe japonais, le cheval symbolise la violence, et la lumière renaît après l'obscurité, la vie après la mort. Par conséquent, bien qu'on puisse le lire comme une expérience personnelle, le souvenir qu'a Montaigne de la chute de cheval possède les mêmes éléments que ces mythes anciens ; comme Balsamo le dit, le cheval est doté d'une existence très importante pour l'humaniste français et cela dans un sens moral et littéraire[50] ; par exemple, son état d'esprit est comparé au « cheval eschappé » (I, 8, 55) dans le chapitre « De l'oysiveté » ; ne peut-on pas penser que le « cheval fondant sur » l'auteur (II, 6, 396) n'est pas seulement censé être un animal domestique,

---

44 T. Matumaé, *op. cit.*, p. 132.

45 Comme une légende semblable est partagée avec la minorité chinoise Miao au sud-ouest de la Chine, on peut penser que ce mythe vient des pays au sud du Japon (*ibid.*, p. 145).

46 H. Kawaï, *La mythologie et l'esprit des Japonais*, *op. cit.*, p. 163-170 ; *id.*, *Déchiffrer l'esprit des Japonais*, traduit par Toshio Kawaï, "*Iwanami-gendaï-zensho*", Tokyo, Iwanamishoten, 2013, p. 76-78 [en japonais] (*Dreams, Myths & Fairy Tales in Japan*, Einsiedeln, Daimon, 1995).

47 Ovide, *Les Métamorphoses,* texte établi et traduit par Georges Lafaye, t. 1, « Collection des Universités de France », Paris, Belles Lettres, 1980 (1928), p. 137.

48 *Ibid.*, p. 141 ; « *terras tamen increpat omnes / Ingratasque vocat nec frugum munere dignas* ».

49 *Ibid.*, p. 144 ; « *Nam modo quae poterat Diti quoque maesta videri, / Laeta deae frons est, ut sol, qui tectus aquosis / Nubibus ante fuit, victis e nubibus exit* ».

50 J. Balsamo, « cheval », dans *Dictionnaire de Montaigne*, *op. cit.*, p. 190-191.

mais aussi un envoyé d'une divinité chtonienne, Hadès ? En effet, celui-ci est évoqué dans le même chapitre comme suit :

> Les Poëtes ont feint quelques dieux favorables à la delivrance de ceux qui trainoient ainsin une mort languissante :
> *hunc ego Diti*
> *Sacrum iussa fero, téque isto corpore soluo.* (ce cheveu consacré à Dis, selon les ordres reçus, je l'enlève et je t'affranchis de ton corps) (II, 6, 393).

Ainsi allègue Montaigne un vers de l'*Énéide* en citant le nom romain d'Hadès, « Dis ». De même dans ce chapitre, comme Déméter, lui aussi semble se réconcilier avec ce dieu. Comme Alain Moreau le dit, si la mythologie est un miroir où Montaigne se reflète pour se connaître, on pourrait dire que le récit tout à fait personnel, de la chute de cheval, reproduit ou au moins suggère aussi un mythe ancien[51]. Cependant dans les *Essais*, le long voyage pénible de la déesse à la recherche de sa fille est remplacé par le court évanouissement plutôt paisible de l'auteur qui arrive à regagner la lumière[52]. Selon Olivier Delporte-Fontaine, dans cet évanouissement, Montaigne « vit une expérience du vide où "rien" semble ne se passer[53] » ; et Delporte-Fontaine compare son expérience du « vide » à celles « de la mort et de la méditation explicitées dans la philosophie orientale tel le "Zen"[54] ». On pourrait alors dire que Montaigne, se situant dans le vide, met le néant au centre entre la vie et la mort afin de les concilier comme dans la triade de la mythologie japonaise. Montaigne essaie d'harmoniser la vie et la mort, de même que les dieux japonais Amatérasu et Susanô s'équilibrent harmonieusement, en se concurrençant et que les dieux grecs Déméter et Hadès aboutissent au compromis à propos de Perséphone ; tous ces trois récits,

---

51 A. Moreau « Montaigne et les héros de la mythologie grecque », dans *Montaigne et la Grèce, 1588-1988* : actes du colloque de Calamata et de Messène 23-26 septembre 1988, présentés par Kyriaki Christodoulou, Paris, Aux Amateurs de Livres, 1990, p. 151.

52 Ce remplacement est-il dû à l'analyse de son expérience pour la rédaction des *Essais* ? D'après Hugo Friedrich, « la grande importance de tout le passage tient à ce que Montaigne cherche à s'assimiler par la réflexion l'expérience de la proximité concrète de la mort pour s'en faire un bien inamissible à l'avenir », H. Friedrich, *Montaigne*, traduit de l'allemand par Robert Rovini, « Collection Tel », Paris, Gallimard, 1984, p. 293.

53 O. Delporte-Fontaine, « Que mourir, c'est apprendre à vivre ? "De l'exercitation d'une mort imminente" », *Bulletin de la Société Internationale des Amis de Montaigne*, LXVI, 2017–2 (p. 165-176) p. 171.

54 *Ibid.*, p. 172.

en parvenant à la résurrection de la lumière, partagent le même sujet : la réconciliation et la renaissance. En plus, comme le mythe d'Amatérasu appartient à une série des mythes de la genèse d'un pays en Extrême-Orient, le Japon, le récit de Montaigne est censé se situer à l'origine de l'œuvre littéraire ; selon Nakam, « rien n'interdit de penser du moins que c'est l'événement qui décida Montaigne à se vouer à la littérature. Ce texte, en tout cas, comme l'expérience qu'il rapporte, est essentiel pour la signification, l'orientation du livre[55] ».

Pour conclure, nous avons essayé de comparer la structure de la mythologie japonaise avec les *Essais* de Montaigne. Le Japon d'aujourd'hui dans le cadre de la mondialisation développe ses relations internationales et accepte de plus en plus d'étrangers ; au regard de l'histoire, il n'est pas exagéré de dire qu'il n'y a pas d'époque où les questions de diversité et de tolérance sont plus sérieuses et plus pressantes que nos jours. Par conséquent, nous, les Japonais continuons à lire avec grand intérêt les *Essais* de Montaigne, œuvre consacré au respect de la diversité et à l'ouverture d'esprit.

Shinya MIYAKAWA[56]
Université Meiji (Tokyo)

55 G. Nakam, *op.cit.*, p. 208.
56 Je tiens à remercier Bernard Leurs (Université de Jeunes Filles Nihon, Tokyo) d'avoir bien voulu relire mon article.

PRÉSENTATION D'OUVRAGE ET COMPTE RENDU DE LECTURE

« PLAIDOYER POUR FAIRE VOYAGER MONTAIGNE »

Quelques remarques sur le *Journal de Voyage en Italie, par la Suisse et l'Allemagne*, éd. Nina Mueggler et Laura Piccina, préf. Antoine Compagnon, Bouquins/Mollat, 2023, 336 p. EAN : 9782382924143.

Cette édition illustrée, préfacée par Antoine Compagnon, lequel allie pour l'occasion souvenirs personnels et mises au point contextuelles, présente une adaptation en français moderne du *Journal de voyage* de Montaigne. Afin de répondre à la demande croissante provenant de la Cité pour que l'Université s'attache à rendre plus accessibles les textes anciens, en particulier ceux de la Renaissance, elle vise donc un public élargi. Il s'agit du deuxième titre illustré édité par Bouquins, en l'occurrence en coédition avec Mollat, après *Déjeunons sur l'herbe* de Guillaume Durand, Prix Renaudot Essai 2022.

Cette demande une fois entendue, encore faut-il parvenir à cerner les contours de ce lectorat contemporain, entité hybride et labile, par définition insaisissable dans son entièreté. Pour réduire la marge de subjectivité, une enquête de terrain s'imposait alors auprès d'un panel de lectrices et lecteurs de différents horizons professionnels, géographiques et générationnels. L'expérience – reine de la connaissance chez Montaigne – a montré que l'apparente simplicité de la langue du *Journal* fourmille en réalité de pièges et d'ambiguïtés. De nombreux échanges, tant avec des personnes non averties qu'avec des seiziémistes aguerris, ont permis d'affiner le protocole éditorial qui se caractérise par des interventions de différente nature : modernisation systématique de l'orthographe, de l'accentuation et de la ponctuation ; modernisation des noms propres et des toponymes ; réagencements syntaxiques ; développement des antécédents flous ; adaptation de l'énonciation et des marques de régie, en particulier dans la partie rédigée par le secrétaire ; adaptation de la concordance des temps et de certains déictiques ; modifications lexicales. Ces dernières se manifestent de diverses manières : remplacement des termes ou expressions aujourd'hui disparus (« avec » au lieu de « à tout ») et des faux-amis (« moyen » au lieu de « médiocre ») ; modernisation des prépositions et du régime verbal ; ajout ou suppression de préverbes (« détenir », « contenir », « retenir » ou « soutenir » au lieu de « tenir »). Comme il ne s'agit pas d'une traduction systématique[1], les substitutions ont été opérées au cas par cas, en fonction du contexte immédiat. La traduction de l'italien, réalisée par Laura Piccina, tient le même équilibre entre fidélité au texte et adaptation aux usages contemporain[2]. Précisons enfin que, selon l'habitude récente des éditeurs modernes, les éditions de Meusnier de Querlon (1774) et la « copie Leydet » (1771) servent de base pour l'établissement du texte.

Le projet de moderniser un texte ancien ne va pas de soi. La question, soulevée et traitée par Marc Fumaroli, Antoine Compagnon, André Tournon ou encore Alain Legros, reste ouverte[3]. Ce qui est certain, c'est que « transposer ou traduire, c'est toujours s'exposer[4] ». Dans le même sens, on ajoutera qu'« adapter, c'est toujours interpréter ». La plus menue intervention suppose, par la force des choses, un écart avec le matériau premier. Il nous semble pourtant que la perte présente aussi des bénéfices. Au fond, c'est une question de pari ; faut-il rappeler que Pascal lisait curieusement Montaigne ? Car sacrifier quelque chose de l'exactitude philologique, laquelle perd en pertinence lorsqu'elle n'est plus comprise hors université, permet de gagner en extension et en compréhension. Un tel raisonnement mène à une conclusion d'ordre médical : il arrive qu'il faille s'amputer d'une partie – en seiziémiste, je n'ose pas dire « morte » – pour donner plus de vie et de vigueur à ce qui a encore des chances de survivre. Affaire de santé publique, pourrait-on dire…

En outre, il semble que la nécessaire altération du corps textuel est moins dommageable dans le cas du *Journal de voyage en Italie, par la Suisse*

1 C'est aussi le problème des « glossaires » en fin de texte qui, au-delà d'interrompre la lecture, donnent en vrac les différents sens possibles, laissant la responsabilité du choix à la personne qui venait y chercher une réponse précise.

2 Pour plus de précisions et d'exemples, voir la notice de l'édition p. 19-23.

3 Voir par exemple : Antoine Compagnon, « Rajeunir Montaigne », Michel Zink éd., *Livres anciens, lectures vivantes.* Odile Jacob, 2010, p. 209-227 ; Marc Fumaroli, « Montaigne, retour aux sources », *Le Monde*, Vendredi 15 juin 2007, p. 3 ; Alain Legros, « De l'édition des manuscrits de Montaigne : transcrire, régulariser, traduire, moderniser. Réponse à André Tournon et questions », *Bulletin de la Société internationale des amis de Montaigne*, 2012 – 1, n° 55. Varia, p. 295-302.

4 Alain Legros, *art. cit.*, p. 297.

et l'Allemagne que dans les imprimés dûment revus et corrigés par leur auteur, dans la mesure où il s'agit déjà d'un matériau de seconde main, relayé par les copistes du XVIIIe siècles. Voilà donc une raison supplémentaire pour ne pas sacraliser à l'excès l'idée d'*original*. Il y a fort à parier que Montaigne n'aurait pas souhaité que son texte soit traité, coûte que coûte, comme une relique. Pour s'en convaincre, relisons notamment les pages du *Journal de voyage* consacrées à la dévotion trop ostentatoire de certains, souvent discrètement mise à distance.

Entre l'idéalisme[5] et le pragmatisme, nous nous sommes efforcées de chercher une voie médiane, pour respecter au mieux la parole de Montaigne et de son secrétaire tout en la rendant accessible au plus grand nombre. Nous pensons qu'aller au contact immédiat des lecteurs et lectrices d'aujourd'hui, hors-les-murs académiques, c'est tout à la fois un hommage rendu à l'homme éminemment sociable et expert de la conciliation qu'était Montaigne, une façon saine de faire richement rimer *Université* et *Cité*, et une manière de trouver la bonne assiette entre le passé, le présent et l'avenir. Puisque le *Journal* est consubstantiel au voyage, autant continuer à le faire circuler, quitte à recourir à des « truchements » pour dialoguer, fût-ce dans son propre pays.

Nina MUEGGLER
Université de Fribourg /
Université de Bonn

*
* *

5 Je l'entends au sens noble du terme. André Lanly, qui avait naguère adapté les *Essais*, parlait quant à lui de « snobisme » universitaire.

Olivier GUERRIER, *Visages singuliers du Plutarque humaniste*, Paris, Les Belles-Lettres, 2023, 480 p. EAN : 9782251454344.

Ce nouveau livre d'Olivier Guerrier ne porte pas principalement sur Montaigne, même si l'empreinte des *Essais* y est marquée de plusieurs manières – comme on le précisera ultérieurement. Il se présente d'abord comme la synthèse de nombreux travaux précédents auxquels l'auteur renvoie dans l'introduction, de même qu'il précise la dimension collective de ces travaux concernant les éditions, traductions, réceptions, interprétations et « usages » de Plutarque dans ce qu'on a coutume d'appeler la Première modernité. Le sous-titre du livre, *Autour d'Amyot et de la réception des Moralia et des* Vies *à la Renaissance*, indique d'emblée que même s'il est question chemin faisant de nombreuses traductions éparses de ces textes grecs à partir du XVe siècle, en latin et dans des langues vernaculaires, la figure centrale est bien celle de Jacques Amyot, du fait de sa position de « sçavant translateur » en français des deux œuvres majeures de Plutarque. Par ailleurs et malgré l'amplitude de ses analyses, ce livre constitue ce qu'on pourrait nommer, selon l'expression maintenant acclimatée, un « *work in progress* », dans la mesure où les cheminements de ces *Visages singuliers du Plutarque humaniste* se présentent aussi comme une sorte de bilan d'étape (très longue étape à vrai dire dans la distance et la durée), ouvrant sur des chantiers parallèles en voie de réalisation. En effet, comme cela est également rappelé dans les pages introductives, les développements du livre s'articulent plus particulièrement à un travail collectif au long cours concernant la publication critique des *Œuvres morales et mêlées* dans la traduction d'Amyot (et le livre est dédié à la mémoire de Françoise Frazier, l'une des spécialistes de la pensée plutarquienne et partie prenante de ce projet). De fait, on dispose de longue date, dans la « Bibliothèque de la Pléiade », de sa traduction des *Vies des hommes illustres, Grecs et Romains, comparées l'une avec l'autre* ; mais l'édition de sa traduction de l'autre « massif » plutarquien n'est aujourd'hui facilement accessible que sous forme numérique, et sans un appareil critique minimal qui est pourtant requis pour une meilleure appréhension et compréhension des textes à différents niveaux : linguistiques, culturels et conceptuels.

Dans un livre récent dont il a été rendu compte dans le *Bulletin* (n° 22-2, 2022), Marc Foglia rappelle à juste titre les obstacles qui, au-delà même des seules questions de langue, rendent aujourd'hui difficile sinon fastidieuse la lecture de Montaigne ; et les enseignant·e·s savent à quel point ces difficultés concernent une partie importante des auteurs et autrices de la période renaissante, notamment du fait des innombrables références textuelles, historiques et culturelles dans lesquelles ces œuvres puisent et dont elles se nourrissent (parfois en les métamorphosant) – et tel est bien le cas pour les œuvres de Plutarque. Même si ce n'est pas son propos central, le livre d'O. Guerrier amplifie ce constat en rappelant succinctement, dans son préambule et dans sa conclusion, quelle fut la constitution, la circulation initiale et la diffusion de ces textes (et au premier chef des *Vies parallèles* et de nombreux traités moraux), puis les éditions, traductions et regroupements divers leur assurant une grande fortune dans la culture classique, avant une progressive sinon brutale désaffection depuis le XVIIIe siècle. En dépit de cette indéniable éclipse retracée par Jean Sirinelli dans sa biographie, *Plutarque de Chéronée. Un philosophe dans le siècle* (Fayard, 2000), les traductions et retraductions de textes de Plutarque n'ont pourtant pas cessé jusqu'à aujourd'hui, notamment en langue française où l'on peut trouver des éditions récentes et parfois très savantes de divers traités moraux, tel le regroupement de textes sous le titre, accoutumé de longue date, de *Dialogues pythiques* (Garnier-Flammarion, 2005) car ils concernent les oracles rendus par la Pythie, puis leur désaffection et disparition – ce qui rappelle à l'occasion que Plutarque fut, au Ier siècle dans l'empire romain, l'un des prêtres du sanctuaire d'Apollon Pythien à Delphes.

Mais de fait, il faut bien reconnaître qu'en dehors des cercles de spécialistes de la philosophie hellénistique et de son renouveau dans les grands courants de l'humanisme à la Renaissance, celles et ceux qui lisent Plutarque aujourd'hui le font pour l'essentiel à partir de deux voies d'accès : soit du fait de la place éminente que, *via* la reconnaissance du travail d'Amyot, il tient dans les *Essais* de Montaigne (place sur laquelle ce dernier ne cesse d'insister et à laquelle O. Guerrier consacre évidemment une analyse attentive et critique) ; soit du fait que certains traités moraux récemment retraduits et plus facilement accessibles font écho, historiquement et culturellement, à des questions redevenues plus vivaces dans un contexte nouveau : ainsi l'importance des considérations sur la sensibilité, l'intelligence et l'ingéniosité des « bêtes », et conséquemment l'interrogation critique sur le fait de les manger sans autre forme de procès ni de réflexion morale – rappelant à l'inverse, si nécessaire, la très ancienne tradition du végétarisme à laquelle ces textes font écho. Il est d'ailleurs significatif que le substantiel dernier chapitre du livre porte sur les « Questions animales », retraçant aussi attentivement que possible la manière dont diverses relectures et interprétations marquantes des textes de Plutarque ont nourri et relancé, chez de nombreux auteurs et sur une longue période, les débats philosophiques, moraux et théologiques sur ces « questions ». Et il est également significatif qu'une philosophe comme Elisabeth de Fontenay, autrice d'un livre marquant, *Le silence des bêtes. La philosophie à l'épreuve de l'animalité* (Fayard, 1998), ait naguère longuement préfacé et éclairé dans cette perspective plusieurs petits traités moraux de Plutarque édités sous le titre générique *Trois traités pour les animaux* (P.O.L, 1992), en justifiant par ailleurs, contre certaines objections fondées (difficultés de la langue, réécriture de passages, inexactitudes ou contresens), le choix de la traduction d'Amyot, transposée en français moderne mais préférée à d'autres plus récentes : « … nous avons avoué notre préférence pour le style, et le mélange qui fait sens, au détriment d'une meilleure exactitude : cherchant à tâtons, dans l'heureuse conjonction d'un Renaissant et d'un Ancien, des sentiments et des raisons qui pourraient nous orienter autrement dans un monde qui s'édifie pour nous, sans nous ».

Malgré l'intérêt renouvelé pour les textes de cet « Ancien » à partir de questions contemporaines, c'est pourtant davantage la première voie (et même voix) d'accès, celle de Montaigne, qui constitue probablement le frayage ordinaire vers la lecture de Plutarque. E. de Fontenay faisait d'ailleurs elle-même le lien dans son texte-préface : « Sans la traduction par Amyot des *Vies parallèles*, en 1559, et des *Œuvres morales*, en 1572, les *Essais* de Montaigne ne seraient en effet pas ce qu'ils sont, comme si le Plutarque d'Amyot était l'analogue français de la traduction allemande de la Bible par Luther : glorieux, sensuel et balbutiant commencement de notre langue qui se cherche et se trouve à l'épreuve du grec ». Au-delà de ce parallèle qui appellerait une réflexion et une discussion plus poussées, la question de la « mise à l'épreuve » des langues est précisément l'un des fils conducteurs des *Visages singuliers du Plutarque humaniste*, notamment dans les chapitres I, II et III de la première partie, « Le temps d'Amyot », ainsi que dans les remarques récapitulatives de la conclusion du livre qui redisent les liens essentiels entre lectures, traductions des textes anciens et modalités particulières d'écriture dans le « moment Renaissance » (p. 429). Car à la différence d'autres approches tel le livre d'Isabelle Konstantinovic sur *Montaigne et Plutarque*, O. Guerrier n'a pas centré son travail sur les seules dimensions qu'on peut qualifier de « thématiques » et « conceptuelles », mais plus largement et dans une autre perspective sur les réceptions, « translations » et usages de Plutarque dans divers contextes historiques et culturels des pensées humanistes, et sur la place éminente qu'y tient la traduction par Amyot des *Vies des hommes illustres* et, plus spécifiquement encore, celle des *Œuvres morales et mêlées*.

Avant de rentrer de manière plus détaillée et forcément sélective dans certaines analyses du livre, on peut en restituer le mouvement d'ensemble et les orientations privilégiées. Une courte introduction rappelle l'importance de la reprise des pensées antiques à la Renaissance et la place qu'y occupent les textes de Plutarque tels qu'ils émergent progressivement dans les éditions imprimées du texte grec et dans diverses traductions, essentiellement latines mais aussi partiellement vernaculaires (en italien, espagnol, allemand, anglais, français …). D'où l'accent mis sur les effets de « transformation » et « d'acclimatation » de ces textes-source à travers le travail de traduction : « En substance, lors de l'examen des options du traducteur comme de celui de la réappropriation par tel ou tel écrivain des éléments de l'œuvre d'origine, le plus souvent à partir d'une version contemporaine, nous valoriserons pour notre part les "singularités", quelles qu'elles soient [...]. En pareille circonstance, le traducteur mue son texte en une sorte de "caisse de résonance" ou de palimpseste, où se superposent les cultures » (p. 17). Ce rappel et ce choix argumenté incitent O. Guerrier à préciser l'orientation globale des analyses proposées en fonction des spécificités d'élaboration des œuvres de la Renaissance, dès lors que des textes anciens sont traduits, transposés et réarticulés dans un tout autre paysage culturel marqué par la christianisation. Mais selon lui il ne s'agit pas pour autant de postuler une improbable harmonisation entre les œuvres de l'Antiquité et leurs relectures interprétatives par « translation » dans les langues dites « vulgaires », avec les bénéfices escomptés en termes d'appropriation et d'usages : « Notre enquête est donc régie par une certaine conception de la Renaissance. Plutôt que de voir en elle un temps où se digère de façon harmonieuse le patrimoine, selon une historiographie homogène, nous tendons à la considérer, comme Michel Foucault l'un des premiers dans

Les mots et les choses, sous l'angle de la "rupture", en tant que "moment" de l'histoire des formes et de l'esprit. Le choix prioritaire du XVIᵉ siècle français l'autorise d'autant mieux que la période fait une expérience critique d'elle-même, se concevant comme une "crise positive", puis prenant une conscience de plus en plus aigüe de ce que se dramatisent et se fragilisent les régimes antérieurs de transmission » (p. 18).

Cette introduction de portée générale est suivie d'un préambule qui synthétise les quelques données biographiques concernant Plutarque, et qui restitue à grands traits la constitution et la diffusion progressive du corpus de ses textes dans l'Antiquité tardive, avant ses premières réceptions en Europe autour de 1370, suivie par les grands « chantiers humanistes » d'éditions plus savantes des textes grecs et de leurs traductions, notamment en latin ou parfois même dans des éditions bilingues. Ces indications délimitent le périmètre du propos du livre, avec comme déjà indiqué le centre de gravité constitué par la traduction d'Amyot des *Vies des hommes illustres* et des *Œuvres morales et mêlées.* Avant la mise à disposition de ces deux « massifs », les éditions et traductions des *Vies parallèles* et des traités moraux manifestent un certain éparpillement, avec des choix divers de regroupements selon les contextes et les attentes à la fois culturelles et politiques. Ainsi les *Vies* constituent un réservoir d'exemples historiques illustres à admirer sinon à imiter, en lien avec l'horizon politique d'un « humanisme civique ». Comme le rappelle l'auteur : « L'âge de l'imprimé va favoriser la fabrication d'œuvres complètes, et ce sont ici les *Moralia* qui inaugurent le mouvement, avec la première grande édition grecque des *Moralia*, les *Plutarchi opuscula*, publiée chez Alde Manuce à Venise en 1509 » (p. 31). En un sens il s'agit d'une « fiction » unifiant sous un titre générique des textes assez divers au-delà d'une thématique morale incluant dimensions philosophiques et religieuses ; et l'édition imprimée de ce corpus vient conférer une matérialité et une stabilité plus durable à la tradition antérieure de diffusion plus aléatoire des manuscrits. La particularité des textes de Plutarque, et notamment des traités moraux, est celle d'un savoir substantiel et même « encyclopédique » concernant l'héritage gréco-romain, mais qui se présente « à pièces décousues » – si l'on reprend la formule marquante de Montaigne qui y voit la légitimation du mode de lecture qu'il revendique pour lui-même. O. Guerrier indique cependant qu'on peut aborder de tels corpus de textes artificiellement unifiés d'une manière plus « dialectique » car engageant divers rapports entre le tout et les parties. D'où une remarque éclairante : « Il en résulte que ces corpus sont soumis à un double rythme temporel et intellectuel. D'un côté, celui de leur réunion en œuvres intégrales. De l'autre, celui de leur dissémination en parcelles autonomes. Et les deux lignes sont susceptibles de s'enchevêtrer, les concepteurs des premières pouvant tirer parti des secondes déjà traduites et éditées, et vice-versa. D'où il suit que l'histoire des *Moralia* est à la fois celle de leurs regroupements successifs, et celle des avatars de tel ou tel de leurs opuscules, d'un lettré à l'autre » (p. 34). En un sens, et même s'il l'auteur ne le dit pas ainsi, on peut percevoir la complexité du lien qui a fait de Montaigne un lecteur attentif et reconnaissant du travail de traduction d'Amyot, mais selon ses propres modalités de lecture interprétative qu'on peut alors confronter à d'autres.

Après cette double mise en perspective, les développements du livre sont scindés en deux parties clairement délimitées dans leur orientation spécifique. Une première grande partie, « Le temps d'Amyot », analyse l'importance de son travail de traduction des textes de Plutarque et son rôle d'intercesseur savant auprès d'autres lecteurs non ou peu familiers du grec (c'est le cas de Montaigne, du moins selon ses propres dires). Dans les chapitres I à III, O. Guerrier retrace les discussions nourries à propos de ce qui constitue à la Renaissance le travail de traduction (terme qui supplante progressivement celui de « translation ») ainsi que le statut du traducteur (est-il un « auteur en second » ?), avant de se focaliser sur l'éloge enthousiaste (à une réserve près) de Montaigne à l'égard d'Amyot, et l'usage démultiplié qui est fait de ses traductions dans les *Essais* (chap. IV). Une seconde grande partie, « Lectures humanistes de Plutarque : quelques parcours » (chap. V à IX), se focalise sur certains traités spécifiques de Plutarque (les règles matrimoniales, les recueils d'*Apophtegmes*, *Dits notables* ou *Propos*), et sur des thématiques transversales récurrentes dans divers textes : l'usage métaphorique du « jeu de paume » (référence "translatée" de certains jeux de balle antiques), les réflexions sur les « daimoneries » et « malins esprits », réinsérées dans un horizon théologique chrétien, et pour finir les discussion philosophiques déjà évoquées concernant les « questions animales ». Une courte conclusion récapitule le parcours de la diffusion des textes de Plutarque (traductions savantes, vulgarisation des idées et productivité littéraire), évoquant au passage leurs destinées après l'apogée humaniste et ses prolongements divers dans la formation de la culture classique jusqu'à Rousseau, suivis par une désaffection croissante malgré d'autres traductions entre 1798 et 1870.

Avant de se focaliser sur quelques développements spécifiques du livre, une dernière remarque générale s'impose : dans la progression et dans la distribution des analyses – et plus particulièrement celles de la seconde partie – on perçoit que la voix montaignienne reste très audible et insistante, au-delà même du substantiel chapitre de la première partie qui examine à nouveaux frais l'importance de Plutarque, *via* Amyot, tout au long des *Essais*. Pour autant, cette voix est loin d'oblitérer les autres dimensions de la réflexion d'O. Guerrier qui étudie nombre de sollicitations des *Œuvres morales* en amont et en aval des *Essais*. Et c'est incontestablement l'un des intérêts majeurs de ce travail qui reconnaît d'emblée se situer dans le prolongement d'études antérieures marquantes, tel le livre de Robert Aulotte, *Amyot et Plutarque. La tradition des Moralia au* XVI*e siècle*, auquel il rend hommage et qui lui sert régulièrement de point d'appui, en précisant chemin faisant le cœur de son propos. De même, dès l'amorce du livre citant la célèbre lettre de Gargantua à Pantagruel – dont la formule emblématique, « Maintenant toutes disciplines sont restituées » est qualifiée de « chant de triomphe d'une Renaissance qui depuis plus d'un siècle n'en finit pas de revenir *ad fontes* » (p. 11) – O. Guerrier rappelle que le programme d'éducation ainsi tracé vise, par la fréquentation des auteurs anciens dont « les *Moralia* de Plutarque », à « bien profiter en estude et en vertu ». Et via cette référence, il renvoie aux travaux récents de Romain Menini sur Rabelais, et notamment à la place qu'occupe Plutarque dans *Rabelais altérateur. "Graeciser en français"* (Classiques Garnier, 2014), où est rappelée l'une des raisons majeures de l'importance particulière prise par les textes plutarquiens à la Renaissance : aussi bien les *Vies des hommes illustres* que les *Œuvres morales et mêlées* constituent « l'une des synthèses les plus complètes que l'Antiquité ait rendue disponible sur toutes matières éthiques, historiques, philosophiques ou religieuses ». Et même si cette dimension synthétique ou « encyclopédique » n'apparaît peut-être que rétrospectivement, l'importance des analyses de R. Menini justifie que dans ces *Visages du Plutarque humaniste*, il soit davantage question d'autres auteurs renaissants et post-renaissants, bien que le « chaînon » Rabelais revienne à diverses reprises dans tel ou tel développement.

Pour qui n'est pas familier des discussions nourries concernant non pas l'importance (bien connue) mais les conceptions et pratiques de la traduction à la Renaissance, les analyses détaillées de la première partie retracent la progressive diffusion et la « translation » des textes grecs dans diverses langues, ainsi que l'affirmation d'une dimension « nationale », notamment dans la place que va occuper le français, à la fois institutionnellement et culturellement, même si le latin reste la langue savante commune. Les traductions successives de Plutarque, y compris celles d'Amyot, s'inscrivent donc dans un contexte global relatif aux enjeux politiques des rapports entre langues, ainsi que le souligne l'auteur : « À l'instar de nombre de discours et de pratiques lettrés, la traduction au XVIe siècle doit être envisagée comme une activité très fortement contextualisée, qui répond à des demandes, obéit à des attentes, se soumet à des stratégies politiques, éditoriales, esthétiques… » (p. 51). Le premier chapitre précise ainsi les grandes lignes de ce qui constitue à la Renaissance le passage des langues anciennes, et notamment du grec, aux langues vernaculaires, entre strict « littéralisme » (assez peu mis en avant), et exigence réitérée de « fidélité » à l'auteur mais qui ne s'enferme pas pour autant dans un « mot à mot » trop contraignant dès lors qu'il s'agit bien de transpositions linguistiques, culturelles et conceptuelles. Il faut donc à la fois restituer le sens des textes tel qu'il est appréhendé par le traducteur, et être aussi réceptif que possible à « l'âme » de l'auteur, expression qu'on retrouve notamment chez Jean Bodin et chez Montaigne qui, évoquant la traduction de Plutarque par Amyot et admirant la « constance d'un si long travail » et « la profondeur de son savoir, ayant pu développer si heureusement un auteur si épineux et ferré [difficile] », caractérise ainsi la disposition d'esprit de ce dernier : « …car on m'en dira ce qu'on voudra : je n'entends rien au Grec, mais je vois un sens si beau, si bien joint et entretenu partout en sa traduction que, ou il a certainement entendu l'imagination vraie de l'auteur, ou, ayant par longue conversation planté vivement dans son âme une générale Idée de celle de Plutarque, il ne lui a au moins rien prêté qui le démente ou qui le dédie » (*Essais*, II, chap. 4). Et c'est d'ailleurs Amyot lui-même qui, dans l'avis « Aux lecteurs » ouvrant sa traduction des *Vies des hommes illustres*, donne une précision concernant l'attention spécifique et l'ouverture d'esprit nécessaire pour ce travail de « translation » d'une langue à l'autre : « L'ofice d'un propre traducteur ne gist pas seulement à rendre fidelement la sentence de son auteur, mais aussi à représenter aucunement et à adombrer la forme du style et manière d'icelui ». Le verbe « adombrer » vient souligner la difficulté de ce passage, s'il s'agit avant tout de restituer le contenu d'une pensée tout en désirant « rendre la chose à nostre air » comme le dira ultérieurement un traducteur de Lucien.

Ce premier chapitre s'attarde également, entre connaissances établies et hypothèses plausibles, sur la bibliothèque dont pouvait disposer Amyot comme humaniste et comme homme d'Église (évêque d'Auxerre et grand aumônier de France). Il est rappelé qu'outre son « grand œuvre » consacré à Plutarque, il a traduit d'autres auteurs tels Longus et Héliodore. Ses nombreuses annotations en marge de l'édition du texte grec permettent, comme c'est également le cas de Rabelais, de suivre les spécificités de son travail de vérification des sources (y compris par confrontation avec des traductions latines), d'indications sur l'état plus ou moins fiable, fragmenté, lacunaire ou « corrompu » du texte transmis, de recoupements entre les *Vies* et les traités moraux, de gloses et précisions terminologiques diverses sur le sens d'un terme ou sur un contexte historique. C'est un tel travail d'explicitation et d'appropriation du texte que Françoise Frazier a pu nommer « traduction augmentée » (citation p. 58). Dans le même sens, R. Menini précise : « …il est à peu près certain que, comme tous les érudits de son temps, Amyot ajoutait à la lecture directe des *auctores* celle, indirecte et de seconde main, des plus importants recueils de *commentarii* variés et autres 'miscellanées' humanistes (telles celles de Budé, Érasme, Ravisius Textor, Cœlius Rhodiginus, Alessandro d'Alessandri, etc. » (citation p. 60). Concernant plus particulièrement les *Œuvres morales et mêlées*, l'édition comporte, outre les précisions déjà indiquées sur l'état du texte et les choix de traduction, un certain nombre d'éléments ajoutés par le « translateur » : jugement éventuellement critique sur le propos ou la construction de tel traité moral, références historiques diverses, et une « Table finale » des noms et des matières qui permet de s'y retrouver plus facilement dans une lecture suivie ou plus morcelée.

Pour ne pas alourdir outre mesure ce compte-rendu, on va passer plus rapidement, malgré leur indéniable intérêt, sur les chapitres II : « Dans la pâte du texte : fidélité et écarts », et III : « Une œuvre complète dans tous ses états », en ne restituant que quelques grandes lignes qui donneront envie d'aller y suivre le détail très fouillé des analyses proposées. Concernant le travail d'Amyot sur des points significatifs, O. Guerrier met l'accent non sur le « souci du beau langage », souvent invoqué par tel ou tel traducteur et repris par des commentateurs récents, mais bien davantage sur ce qu'il nomme des « enjeux sémantiques », s'appuyant notamment sur une indication incisive d'Amyot lui-même dans sa dédicace des *Vies des hommes illustres* au roi Henri II : « …je confesse avoir plus estudié à rendre fidelement ce que l'autheur a voulu dire, que non pas à orner ou polir le langage, ainsi que luy mesme a mieulx escrire doctement et gravement en sa langue, que non doucement et facilement » (citation p. 86). Sont ainsi analysés divers traits marquants de cet incessant travail de traduction : la place et les significations des « binômes synonymiques » ; l'attention portée aux transpositions des termes « *phronèsis* » et « *synésis* » selon l'usage parfois flottant qu'en fait Plutarque dans un certain héritage aristotélicien plus ouvert ; la polysémie de la « *phantasia* », entre image et faculté (analyse qui fait écho à un précédent livre de l'auteur sur Montaigne : *Quand « les poètes feignent » : "fantasie" et fiction dans les* Essais *de Montaigne*) ; enfin l'étude de la manière dont fonctionnent les récits plutarquiens, entre actions d'éclat, anecdotes révélatrices, « dits mémorables ». Rappelant à cet égard l'importance des analyses de Bérengère Basset sur les apophtegmes et sur l'usage « anomal » qui peut être fait des « micro-récits » plutarquiens par divers auteurs (dont Montaigne tout particulièrement), cette dernière étude soulève plusieurs questions liées : l'exemplarité de l'histoire, le caractère admirable ou aléatoire des actions et, de manière plus problématique, la difficile conciliation entre invocation d'une « providence » divine et références à des évènements « fortuits » renvoyant à la « fortune » (*cf.* les expressions « d'avanture », « par cas d'avanture » – dont on trouve l'écho dans la fréquence de « à l'advanture » dans les *Essais*). Cette tension est présente dans le texte grec, et la traduction d'Amyot ne l'atténue pas, en dépit du contexte de forte « christianisation » qui marque la lecture et l'interprétation des textes anciens par les humanistes de la Renaissance. Plus largement cette tension autorise voire suscite d'autres lectures et usages moins édifiants, plus ouverts ou plus « hétérodoxes » des anecdotes et récits contenus dans les *Vies* comme dans les *Œuvres morales*.

Les analyses du chap. III prolongent autrement ce fil des rapports complexes entre « providence » et « fortune », en évoquant les avatars des traductions françaises de Plutarque et surtout les reprises et "réaménagements" de celles d'Amyot, jusqu'à parler de « contrefaçons » lorsque ces rééditions sont accompagnées de longues précisions explicatives et surtout interprétatives accentuant encore davantage la « christianisation » de Plutarque, comme c'est le cas du calviniste Simon Goulart. L'effet ainsi produit est celui d'une plus grande compacité et homogénéité de la réception des œuvres impliquant des orientations et usages moins "déliés", moins audacieux, ce qui peut par ailleurs faire comprendre leur succès dans l'atmosphère morale plus soucieuse d'édification qui suivra la période renaissante. En contraste avec cela, O. Guerrier esquisse une confrontation avec des traductions anglaises de Plutarque à la fin du XVIe siècle qui procèdent souvent du texte français d'Amyot et lui confèrent ainsi une marque significative de reconnaissance. Ces traductions filtrées par une traduction préalable aménagent des recompositions diverses des textes de Plutarque et offrent un riche matériau historique dans lequel puiseront tant Shakespeare pour certaines de ses pièces que Francis Bacon dans plusieurs de ses *Essais*.

En dépit de son caractère de « figure imposée » puisqu'il est consacré à la manière dont Montaigne, via les traductions d'Amyot, se réfère à Plutarque et le sollicite très souvent (plus de 500 emprunts, sans forcément de référence indiquée), le substantiel chapitre IV, « "Cuisse ou aile" : les *Essais* de Montaigne » propose un parcours original à plusieurs titres. Tout en se référant à nombre d'analyses d'autres commentateurs, il reprend à nouveaux frais le fil des réflexions précédentes sur l'exemplarité hypothétique des innombrables récits, « histoires » et anecdotes rapportées par Plutarque. Ce matériau très riche est diversement dépecé (« cuisse ou aile »), détissé, recomposé ou, comme le dit encore Montaigne, « accommodé » ou « difformé » à nouveau service. O. Guerrier choisit ainsi de partir de la référence philosophique au « schème » du miroir, image liée de très longue date à l'exigence de la connaissance de soi autant que du monde, pour en tirer quelques fils moins attendus. L'étude de son écho chez Montaigne : « mirer ma vie en celle d'autrui » (*Essais*, III, 13) propose une interprétation singulière, renvoyant par « essai » (au sens d'exercice et de mise à l'épreuve) vers le sujet qui cherche à s'évaluer le plus justement possible dans cette confrontation. En rappelant les ressources offertes par divers textes de Plutarque (*Vies* et *Œuvres morales* mêlées), mais sans se tenir à une stricte référence à l'objet « miroir », l'analyse proposée précise le lien qui peut être fait avec l'écriture des *Essais* telle qu'elle se constitue progressivement : « Voilà très exactement comment un programme portant sur la "vie" et les mœurs des hommes du passé s'est mué en une herméneutique de soi, des "profondeurs opaques de ses replis internes" (II, 6), dans le mouvement scriptural qui lui donne forme » (p. 175). Et l'analyse proposée insiste à juste titre sur le constat par Montaigne de ses efforts parfois entravés, de ses difficultés voire de ses échecs à se saisir soi-même, de même que l'interrogation sur le risque de se masquer en s'écrivant : « je me pare sans cesse, car je me décris sans cesse » (*Essais*, II, 6).

Ce chapitre analyse également la défense par Montaigne de Plutarque historien, contre les critiques de Jean Bodin évoquant des récits qui rapportent « des choses incroyables et entièrement fabuleuses », négligeant ainsi ce qui serait la droite « méthode de l'histoire ». La question du distinguo entre récit crédible ou « fabuleux » (relevant de la « fantaisie » imaginaire) est élargie à la réflexion sur ce que veut dire « témoigner », y compris de choses possibles sinon advenues. Comme le souligne l'auteur à la suite d'autres travaux sur cette question (Bernard Sève notamment), Montaigne élargit ainsi fortement ce champ du « possible », en insistant du même geste sur les limites de toute connaissance humaine et la nécessité de ne pas faire de notre ignorance la pierre de touche de ce qui est « croyable » ou non. Plus largement, l'analyse se rend attentive à la transplantation revendiquée et au "montage" d'un certain nombre de passages de Plutarque pris dans différents textes et réarticulés autrement, comme c'est le cas de la référence à la vivacité reconnue des paroles d'Homère (vivacité reliée dans les *Essais* à celles d'autres paroles poétiques dont celles d'Horace et de Lucrèce). O. Guerrier suit attentivement la manière dont cette thématique plutarquienne (*via* Aristote) est évoquée et réagencée différemment par Rabelais et par Montaigne. De même, à propos d'une formule de Plutarque qui évoque (sans y croire vraiment) la raison avancée de l'état de servitude de certains peuples, il est possible d'en percevoir la trace dans l'inspiration du discours *De la servitude volontaire*, sachant que La Boétie fut également le traducteur de certains textes de Plutarque – traduction éditée ultérieurement par Montaigne. C'est en tout cas ce que ce dernier suggère dans les *Essais* : « Il y a dans Plutarque beaucoup de discours étendus, très dignes d'être sus, car à mon gré c'est le maître ouvrier de telle besogne ; mais il y en a mille qu'il n'a que touchés simplement : il guigne seulement du doigt par où nous irons, s'il nous plait, et se contente quelquefois de ne donner qu'une atteinte dans le plus vif d'un propos. Il les faut arracher de là et mettre en place marchande. Comme ce sien mot, que les habitans d'Asie servaient à un seul, pour ne savoir prononcer une seule sillabe, qui est Non, donna peut-être la matière et l'occasion à la Boétie de sa Servitude Volontaire » (I, 26). C'est là une hypothèse plausible, que l'on peut même prolonger par une autre; car si l'on se réfère à une remarque d'Amyot dans sa présentation du traité *S'il est loysible de manger chair* : « Ce sont lambeaux de déclamations qu'il avoit escrites jeune pour son exercice » (remarque citée plusieurs fois dans le livre à propos d'autre chose), on pourrait également entendre en écho l'appréciation révisée que Montaigne porte sur le texte de la Boétie, ayant finalement renoncé, du fait de l'usage dévoyé qu'en firent à ses yeux les Huguenots, à le publier au cœur du livre I des *Essais* : « C'est un discours auquel il donna nom La Servitude Volontaire : mais ceux qui l'ont ignoré, l'ont bien proprement depuis rebaptisé Le Contre Un. Il l'écrivit par manière d'essai, en sa première jeunesse, à l'honneur de la liberté contre les tyrans » (I, 28). En ce cas, l'intercession d'une formule d'Amyot, mais comme annotateur, viendrait renforcer la référence ou l'empreinte plutarquienne – du moins telle que Montaigne l'entend dans son appréciation plus distanciée du « discours » de La Boétie.

Sans pouvoir restituer le détail des analyses précises concernant tel ou tel élément, on peut en retenir à titre indicatif une leçon de lecture ainsi synthétisée : « On constate en tout cas que si le texte de Plutarque a une fonction matricielle, cela ne signifie pas nécessairement qu'il est suivi à la lettre. Bien plutôt, ses composantes sont conçues comme des points d'appui pour une méditation neuve, qui les superposera à ses propres préoccupations, au risque parfois d'en délaisser le sens primitif » (p. 205). Ce chapitre-charnière du livre, central dès lors qu'il est question de l'importance accordée à Plutarque par un auteur comme Montaigne, se conclut par une interrogation sur la place indéniablement reconnue par celui-ci au travail de "translation" d'Amyot : « Plutarque, depuis qu'il est français » (*Essais*, II, 10). Car cette reconnaissance ne va cependant pas jusqu'à en faire un *auctor* au sens plein mais, au mieux, un « auteur en second ». C'est pourtant le texte d'Amyot (y compris dans ses marges) qui est constamment sollicité pour être « difformé » et

« accommodé » à divers usages ; et O. Guerrier suggère *in fine*, en lien avec d'autres travaux tels ceux de Bérengère Basset sur les usages des récits et apophtegmes, que dans les *Essais*, ce livre singulier au dire de leur auteur, « le seul livre au monde de son espèce, d'un dessein farouche et extravagant » (II, 8), les « infractions » ou infidélités partielles d'Amyot au texte-source de Plutarque, les « traits insolites et téméraires » de ses traductions, ont pu susciter certains cheminements imprémédités.

Comme déjà indiqué, la seconde grande partie du livre, « Lectures humanistes de Plutarque : quelques parcours », change partiellement de perspective en se focalisant de manière plus expressément thématique sur les références, usages et transformations de textes et « motifs » plutarquiens spécifiques. Mais là encore il s'agit de suivre le devenir de diverses traductions de ces textes en latin et dans les langues vernaculaires en les confrontant à celle d'Amyot, et de suivre diverses lectures et réinterprétations que ces traductions ont pu susciter. O. Guerrier concentre ses analyses successives soit sur certains traités des *Œuvres morales* : les *Règles matrimoniales* (chap. V) et les recueils de *Dits notables* ou *Apophtegmes* (chap. VII), soit sur des motifs ou sujets récurrents qui circulent et se font écho dans divers textes : l'usage métaphorique du « jeu de paume » – translation culturelle en référence à des jeux de balle antiques (chap. VI) ; les réflexions insistantes sur les « daimorenies » et « malins esprits » liées à la fonction sacerdotale de Plutarque comme prêtre de l'oracle de Delphes, mais relancées dans un tout autre contexte de christianisation et d'accusations de sorcellerie (chap. VIII) ; et pour finir, comme déjà indiqué, les discussion philosophiques très nourries depuis l'Antiquité concernant les « questions animales » (chap. IX). Le choix de ces sujets, motifs et thématiques tient évidemment au fait qu'on en trouve la relance, les réinvestissements et les infléchissements parfois conséquents chez nombre d'auteurs marquants de la Renaissance et de l'âge classique : non seulement Montaigne qui reste un fil rouge du livre, mais également Érasme, Rabelais, Jean Bodin, Béroalde de Verville, Charron, Gabriel Naudé, Pascal, La Fontaine, Bayle… Chacun des chapitres de cette seconde grande partie du livre entrecroise ainsi diverses traductions des textes de Plutarque avec leurs reprises, accommodations, transpositions et usages à nouveaux frais, en fonction d'objectifs et de contextes historiques et culturels que l'auteur s'essaie à restituer aussi attentivement que possible. La démarche suivie est analogue mais la

« matière » est à chaque fois différente et offre l'occasion de cheminements singuliers qui ouvrent des perspectives stimulantes, même si cet entrecroisement de textes, de langues, de références littéraires et philosophiques n'est pas toujours facile à suivre dans toutes ses méandres qui donnent parfois le sentiment de se retrouver dans un labyrinthe – assez caractéristique à vrai dire d'une certaine écriture de la Renaissance.

Ne pouvant restituer la diversité et la profusion des parcours ainsi proposés, on peut au moins en donner une idée plus ajustée en s'arrêtant pour finir sur le chapitre consacré au « Jeu de paume ». Celui-ci s'attache à suivre quelques fils de cette métaphore ludique dans divers textes de Plutarque – le terme de « paume » étant choisi par Amyot (à la différence d'Érasme, plus « littéraliste » sur ce point) afin de moderniser la référence à des jeux antiques de balle (« phindère » ou « sphère »). Un tel choix de traduction privilégie donc le souci du sens (*ad sensum*) plutôt que la stricte transposition « terme à terme » (*ad verbum*) ; et ceci en résonance avec le grand attrait de l'époque pour ce jeu de paume dont les règles sont progressivement codifiées (et dont certaines formules sont passées depuis dans le langage courant : « tomber à pic » notamment, ou « attraper la balle au bond »). L'analyse d'O. Guerrier suit le cheminement de ces références au jeu de paume qui passe non pas de mains en mains mais de textes en textes, depuis ceux de Plutarque (dont diverses allusions à des jeux de balle sont ainsi traduites par Amyot), jusqu'à leurs reprises à différents niveaux de sens par Rabelais, Montaigne, Béroalde de Verville et Pascal, en passant par des traités médicaux qui vantent l'utilité de cette activité pour le corps, les yeux et l'esprit. Certains traités élargissent la perspective à une réflexion sur les formes de sociabilité ou de « civilité » réglées, mais également aux activités de chasse et de guerre, dès lors qu'il s'agit d'apprendre à affronter diverses situations conflictuelles hasardeuses ou du moins plus difficiles à anticiper ou à « préméditer » dans leur déroulement soumis aux aléas de la « fortune » autant qu'à la sagacité des acteurs. Sans pouvoir entrer dans tout le détail des analyses proposées, on peut en retenir la profusion d'un réservoir métaphorique qui croise également l'interrogation morale sur ce qu'implique ou peut receler un tel « passetemps » ludique, au-delà de sa légèreté ou oisiveté apparente en regard d'une visée soucieuse du salut de l'âme – comme cela se trouve thématisé chez Rabelais.

C'est une autre ressource imagée qui préside à la reprise par Montaigne (après Érasme et d'autres tel Stefano Guazzo, auteur de

La civile conversation), de ce motif plutarquien comparant l'échange de paroles à un jeu de balle : « La parole est moitié à celui qui parle, moitié à celui qui l'écoute. Celui-ci se doit préparer à la recevoir selon le branle qu'elle prend : Comme entre ceux qui jouent à la paume, celui qui soutient se démarche et s'apprête selon qu'il voit remuer celui qui lui jette le coup : et selon la forme du coup » (III, 13). Cette comparaison très connue et souvent commentée (tout récemment encore par Alain Legros et Dominique Brancher), renvoie notamment au traité de Plutarque, *Comment il fault ouir*, et l'idée essentielle réside dans l'attention portée à la façon de recevoir une parole "lancée", avant sa relance qui engage le jeu de la circulation réciproque. À cet égard, la reprise de l'image plutarquienne ainsi translatée par Amyot signifie pour Montaigne que la réception de la parole « envoyée » est bien une attitude d'attente dynamique et non pas statique – ce qui permet par ailleurs d'entendre autrement l'expression « je soutiens, je ne bouge », l'équivalent dans les *Essais* (II, 12) de la « suspension » du jugement. Dans cet horizon métaphorique du verbe « soutenir », il ne s'agit justement pas d'une pure et simple immobilité mais bien plutôt d'une disposition d'attente active qui essaie d'anticiper, autant que faire se peut, un mouvement à venir dépendant d'un précédent envoi de parole comme « balle » à relancer. Ce qui est signifié là, c'est notamment une certaine conception de ce que peut et doit être une conversation réglée et profitable, l'un des sens que Montaigne donne à ce qu'il nomme « l'art de conférer » (III, 8) en concevant cette pratique ou « exercice » non sur le mode d'une conversation civile trop convenue ou « cérémonielle », mais bien plutôt comme une joute verbale, une discussion éventuellement vive entre égaux, sur le modèle de l'escrime – même si l'on reste sur le registre ludique. O. Guerrier prolonge et conclut le mouvement de cette analyse par une stimulante proposition concernant la reprise de la métaphore du jeu de paume dans l'une des *Pensées* de Pascal : « Qu'on ne dise pas que je n'ai rien dit de nouveau, la disposition des matières est nouvelle. Quand on joue à la paume, c'est une même balle dont joue l'un et l'autre, mais l'un la place mieux ». Plutôt qu'à un passage des *Entretiens* d'Épictète, souvent cité par les commentateurs et où le jeu de balle offre l'image possible des activités humaines dans leurs mouvements incessants de « divertissement », on peut tout aussi bien y entendre, comme l'auteur le suggère, un écho de la réflexion de Montaigne sur l'importance de

« la forme du coup », autrement dit l'attention portée à la « manière » de dire – et en l'occurrence à la manière d'écrire. Et cette suggestion relance encore autrement la force de l'image dans une direction sinon entièrement imprévisible, en tous cas renouvelée par rapport à des reprises antérieures de ce thème plutarquien acclimaté, grâce à la traduction d'Amyot, à de tout autres contextes historiques, culturels et conceptuels.

Au terme de ce compte-rendu déjà trop étendu et pourtant très partiel, on ne peut éluder une remarque qui, sans être une réserve ou une mise en garde, pourrait susciter une réticence à se plonger dans le livre dès lors qu'on préfère un mode de lecture plus « aéré » ou moins « concentré » que celui qui est proposé. Car c'est un livre incontestablement érudit et « savant » au meilleur sens du terme ; et cette dimension, contrepartie inévitable de toute approche précise des textes de la Renaissance, prend le risque d'une possible désorientation devant ses exigences de lecture parfois labyrinthiques. Sans vouloir gommer les difficultés inhérentes au suivi d'analyses aussi fouillées car entrant dans la « pâte » des textes, avec leur épaisseur de langue et de significations qui se transposent et se transforment au fil du temps et des époques, on peut alors suggérer un mode de lecture alternatif, ou plus exactement complémentaire : même si ce n'est pas son protocole d'écriture relié à un parcours et à un projet d'ensemble, un tel livre peut aussi se lire « à pièces décousues », au moins pour sa seconde grande partie, plus évidemment thématique que la première et autorisant par là-même des choix ciblés et des respirations. Ce qui n'empêche en rien de reconnaître au fil des chapitres de ces *Visages singuliers du Plutarque humaniste* nombre d'échos, de renvois, de reprises, d'inflexions qui restituent la richesse de leurs « translations » et de leurs devenirs parfois imprévus et inventifs, voire infidèles ou « hétérodoxes », entre Renaissance et âge classique.

François ROUSSEL
Paris

RÉSUMÉS/*ABSTRACTS*

Dominique BRANCHER, « À l'Est de Bordeaux, du nouveau. Introduction »

Ce volume souhaite offrir un nouveau cadre comparatif entre diverses historiographies littéraires qui, d'Ouest en Est, accordent « une place » aussi instable que contrastées à Montaigne. La réflexion présente deux versants, qui interrogent la notion de *littérature mondiale* : d'une part, la réception de son œuvre en Chine, Corée du Sud et Japon, liés par leur histoire culturelle et géo-politique ; d'autre part, les points de rencontre inédits entre sa pensée et telle éminente figure asiatique.

Mots-clés : réception transculturelle, littérature mondiale, Asie de l'Est, historiographie, traduction.

Dominique BRANCHER, *"All new on the Eastern Front. Introduction"*

The aim of this volume is to provide a new comparative framework for the various literary historiographies which, from West to East, give Montaigne a "place" that is as unstable as it is contrasting. The discussion, which questions the notion of world literature, is twofold: on the one hand, the reception of his work in China, South Korea and Japan, linked by their cultural and geo-political history; on the other, the points of encounter between his thought and such eminent Asian figures.

Keywords: transcultural reception, world literature, East Asia, historiography, translation.

Koji TAKENAKA, « Lecteurs oubliés de Montaigne. La première réception littéraire des *Essais* chez les anglicistes japonais »

Cet article étudie la présence du XIXe siècle dans les *BS(I)AM*, révélant l'existence de périodes précises d'investigation, de domaines privilégiés dans le XIXe siècle, d'une forte représentation des auteurs allemands confrontés à celui des *Essais*, d'un passage en revue assez complet des membres du Panthéon français les ayant également goûtés, enfin des traits récurrents dans les appréciations portées par ces derniers sur Montaigne comme dans la « manière » qu'ont leurs commentateurs de les traiter.

Mots-clés : Montaigne, *Essais*, Japon, traduction, réception.

Koji TAKENAKA, *"Montaigne's forgotten readers. The first literary reception of the* Essays *by Japanese Anglicists"*

The first reception history of Montaigne's Essays *in Japan is not well known. The promotion of the study of English, which began before the Meiji Restoration, produced many japanese English scholars. Some of them discovered Montaigne in their research for the English essay. In addition, the first partial translation of the* Essays *was made from English by two Anglicists. However, their work and reflections were forgotten, with the development of studies of French literature.*

Keywords: Montaigne, Essays, *Japan, translation, reception.*

Seon-Hee LEE, « Les *Essais* de Montaigne dans l'histoire des traductions françaises en Corée du Sud »

Depuis 1962, la Corée du Sud a connu une multitude de traductions partielles des *Essais* de Montaigne et, surtout, deux traductions intégrales, en 1965 et en 2022. L'histoire perturbée du pays explique l'émergence de la première une vingtaine d'années après l'indépendance retrouvée. Les conditions particulières du monde de l'édition en assurent la constante réimpression et le poids culturel jusqu'à ce que la seconde vienne témoigner des progrès notables des études françaises dans le pays.

Mots-clés : Les *Essais*, Michel de Montaigne, traduction, traduction intégrale, études françaises en Corée du Sud, monde de l'édition.

Seon-Hee LEE, *"Montaigne's* Essays *in the history of French translations in South Korea"*

Numerous translations of the Essays *by Michel de Montaigne have been published in South Korea since 1962, but only two of them translate the full work. The 1965 one is a late legacy of a troubled history, twenty years after the renewed independence. Thanks in part to the specific situation of the South Korean edition world, its cultural significance will remain until the publication of the second full translation in 2022. This last one indicates the progress of local French studies.*

Keywords: Essays, *Michel de Montaigne, translation, full translation, French studies in South Korea, publishing world.*

Ji GAO, « Les trois visages de Montaigne en Chine contemporaine »

En analysant les traductions, articles et ouvrages parus ces dernières années, cet article suggère que Montaigne a eu trois visages dans la Chine contemporaine (depuis 1978) : celui d'un essayiste, celui d'un penseur et celui d'un maître du bien-vivre. Les deux premiers visages sont principalement destinés aux chercheurs, tandis que le dernier s'adresse au grand public. Cette analyse permet de mieux comprendre le mécanisme et les caractéristiques d'une lecture transculturelle de Montaigne.

Mots-clés : Montaigne, essayiste, *Essais*, penseur, réception de Montaigne.

Ji GAO, *"The three faces of Montaigne in contemporary China"*

By analyzing translations, articles and books published in recent years, this article suggests that Montaigne has had three faces in contemporary China (since 1978): that of an essayist, that of a thinker and that of a master of well-being. The first two faces are mainly aimed at researchers, while the last one is aimed at the general public. This analysis enables us to better understand the mechanism and characteristics of a transcultural reading of Montaigne.

Keywords: Montaigne, essayist, Essays*, thinker, reception of Montaigne.*

Jiening MA, « Montaigne et la pédagogie moderne en Chine »

Cet article tente de montrer comment Michel de Montaigne est introduit en tant que pédagogue en Chine pendant les trente premières années du XXe siècle. Par l'intermédiaire des traductions japonaises, les idées éducatives de Montaigne et les deux principaux chapitres concernant l'éducation des enfants du Livre I des *Essais* entrent progressivement dans l'horizon intellectuel de la Chine. Montaigne fait ainsi partie d'une liste des pédagogues occidentaux canoniques.

Mots-clés : Montaigne, XXe siècle, Liang Zongdai, traduction, pédagogie.

Jiening MA, *"Montaigne and the modern pedagogy in China"*

This article attempts to show how Michel de Montaigne was introduced as an educational reformer in China during the first thirty years of the 20th century. Through Japanese translations, Montaigne's educational ideas and the two main chapters concerning the education of children in Book I of the Essays *gradually entered the intellectual horizon of China. Montaigne is thus part of a list of canonical Western pedagogues.*

Keywords: Montaigne, 20th century, Liang Zongdai, translation, pedagogy.

Stephen LEACH, Gordon WARREN, "Montaigne and Kenkō as Men of Leisure"

In this essay Montaigne is compared to one of the Japanese originators of the essay form, Yoshida Kenkō (1283-1350). Both had chosen to be 'men of leisure' and so were free to 'follow the pen' wherever it took them. Their common practice is analysed in the light of Josef Pieper's essay *Leisure: the basis of culture* (1948).

Keywords: Josef Pieper, leisure, Bergson, *zuhitsu*, the essay.

Stephen LEACH, Gordon WARREN, « *Montaigne et Kenkō comme hommes de loisirs* »

Dans cette étude, Montaigne est comparé à l'un des créateurs japonais de la forme de l'essai, Yoshida Kenkō (1283-1350). Tous deux avaient choisi d'être des « hommes de loisirs » et étaient donc libres de « suivre la plume » partout où elle les menait. Leur pratique commune est analysée à la lumière de l'ouvrage de Josef Pieper Leisure : the basis of culture *(1948).*

Mots-clés : Josef Pieper, loisir, Bergson, zuhitsu*, l'essai.*

Rivi HANDLER-SPITZ, "'Mon semblable, mon frère'. Li Zhi, Montaigne's Chinese friend"

This article introduces Montaigne's Chinese contemporary Li Zhi, whose essays address themes of central concern to Montaigne: hypocrisy, social posturing, and pedantry. Studying the "horizontal continuities" linking these authors to one another prompts reflection on the relevance of Montaigne's writings to the history of early modern world literature.

Keywords: Montaigne, Li Zhi, China, pedantism, pedagogy, judgment, hypocrisy.

Rivi HANDLER-SPITZ, « *"Mon semblable, mon frère". Li Zhi, ami chinois de Montaigne* »

Cet article présente Li Zhi, contemporain chinois de Montaigne, dont les essais abordent des thèmes qui préoccupent Montaigne : l'hypocrisie, la mondanité et le pédantisme. L'étude des « continuités horizontales » qui lient ces auteurs les uns aux autres suscite une réflexion sur la pertinence des écrits de Montaigne pour l'histoire de la littérature mondiale du début de l'ère moderne.

Mots-clés : Montaigne, Li Zhi, Chine, pédantisme, pédagogie, jugement, hypocrisie.

Anna OGINO, « Un humaniste japonais face à Montaigne »

Cet article porte sur Kazuo Watanabe, un humaniste japonais du XXe siècle. Éminent traducteur de Rabelais, il n'a cessé de s'intéresser à Montaigne durant toute sa carrière. Contemporain de Gide, il a été autant influencé par les idées de ce dernier sur Montaigne que par la tradition japonaise du « *zuihitsu* » (essai). Son style imagé, son amour des citations et sa vive critique de la société japonaise marquée par l'intolérance pendant la guerre font de lui un montaignard digne de ce nom.

Mots-clés : Montaigne, Kazuo Watanabe, Gide, *zuihitsu*, prestidigitateur.

Anna OGINO, "*A Japanese humanist facing Montaigne*"

This article is about Kazuo Watanabe, a 20th-century Japanese humanist. An eminent translator of Rabelais, he remained interested in Montaigne throughout his career. A contemporary of Gide, he was as much influenced by the latter's ideas on Montaigne as by the Japanese tradition of "zuihitsu" *(essay). His colorful style, his love of quotes and his strong criticism of Japanese society marked by intolerance during the war made him a montaignard worthy of the name.*

Keywords: Montaigne, Kazuo Watanabe, Gide, zuihitsu, *conjurer.*

Shinya MIYAKAWA, « Diversité et ouverture au monde. Montaigne et la mythologie japonaise »

Aujourd'hui, le Japon est résolument engagé dans la mondialisation et les relations internationales. Selon quelles modalités, quelles particularités, les Japonais accueillent-ils et côtoient-ils les hommes et les cultures des autres pays ? Pour répondre à cette question, nous lisons certains mythes de la fondation de l'État, censés être un archétype de la civilisation japonaise. Essayons ainsi de savoir s'il est possible d'y trouver les mêmes éléments que dans les *Essais* de Montaigne.

Mots-clés : Diversité, ouverture, mythologie, Kojiki, Hayao Kawaï, triade.

Shinya MIYAKAWA, "*Diversity and openness to the world. Montaigne and japanese mythology*"

Today, Japan is resolutely committed to globalization and international relations. In what ways, what particularities, do the Japanese welcome and interact with people and cultures from other countries? To answer this question, we read some founding myths of this country, which are supposed to be an archetype of Japanese civilization.

In this way, let us try to know if it is possible to find the same elements there as in Montaigne's Essays.

Keywords: Diversity, openness, mythology, Kojiki, Hayao Kawaï, triad.

IMPRIM'VERT®

Achevé d'imprimer par Corlet,
Condé-en-Normandie (Calvados),
en Février 2024
N° d'impression : 183678 - dépôt légal : Février 2024
Imprimé en France

Société internationale des amis de Montaigne

COTISATION 2024

Pour être membre de la *Société internationale des amis de Montaigne* et recevoir le Bulletin (2 numéros par an), merci de nous adresser votre cotisation, selon le tarif ci-dessous (en euros) avant le 31 décembre 2024 (tout versement postérieur validera l'année 2024).

	UE et Suisse	Hors UE
Étudiants	7	12
Sociétaires	32	36
Bienfaiteurs	80	80
Institutions	38	43

Règlements :

- par chèque à l'ordre de SIAM, à adresser à :
  Classiques Garnier – Service des abonnements, 6 rue de la Sorbonne, 75005 Paris, France
- par virement bancaire (ajouter 6 euros pour frais bancaires) à :
  BNP Paribas – Agence Paris Nation, 3 place de la Nation, 75012 Paris, France
  RIB : 30004-01533-00010068296-87
  IBAN : FR 76 3000 4015 3300 0100 6829 687
  BIC : BNPAFRPPXXX

Merci de joindre le formulaire d'adhésion ci-dessous dans tous les cas.

Pour tout renseignement, merci d'adresser votre correspondance à : revues@classiques-garnier.com

Nom ....
Prénom ....
Adresse ....
Tél. ....
Courriel ....
(très important pour que nous puissions vous faire connaître rapidement les manifestations, colloques, publications, et vous associer aux événements de l'association)

Sollicite mon adhésion / le renouvellement de mon adhésion pour l'année 2024.